Natascha van den Boom

Kleine KÖSTLICHKEITEN AUS DEM GARTEN

Exquisites Fingerfood aus eigener Ernte von @roeda_hus

Inhalt

14 DIE *Frühlingsfrische* WIEDERENTDECKEN

6 *Kochleidenschaft* UND GÄRTNERGLÜCK

52 DIE *Sommerfreuden* AUSLEBEN

100 DIE *Herbstzeit* GENIESSEN

VORWORT

Hallo, ich bin Natascha, und ich freue mich sehr, dass du mein Buch in den Händen hältst und mich bei kleinen Köstlichkeiten aus meinem Garten durch das Gartenjahr begleiten wirst. Denn ich bin nicht nur eine leidenschaftliche Köchin, sondern auch eine begeisterte Gärtnerin. In diesem Buch kann ich meine beiden Hobbys wunderbar miteinander verbinden und mit meinen saisonal inspirierten Rezepten Einblick in Küche und Garten gewähren.

Im Frühling erwarten dich etwa köstliche Canapés mit Bärlauch-Pesto, Mini-Erdbeer-Pavlovas, frittierte Holunderblüten, Walderdbeer-Rhabarber-Kompott und Flieder-Eis. In der heißen Jahreszeit, wenn im Sommer alles üppig gedeiht, werden unter anderem Sommerrollen, Mohn-Knusperstangen und Wachteleier auf einem Gemüsebett serviert. Und im Herbst zur Erntezeit dürfen wir uns auf herzhafte Rotkohl-Flammkuchen, Kartoffel-Spiralen, Rosenkohl-Spieße und viele weitere Leckereien aus dem Garten freuen. Selbst der Winter hält kleine Köstlichkeiten bereit, die im Handumdrehen umzusetzen sind.

Köstliches Obst und knackfrische Gemüsesorten finden sich in meinen Rezepten ebenso wieder wie aromatische Wildkräuter und essbare Blüten! All dies ist ein Augen- und Gaumenschmaus, den ich dir in Form von kleinen Appetit-Häppchen auf den nachfolgenden Seiten präsentieren werde.

Perfekt ist mein Fingerfood aus dem Garten besonders für Gartenfeste, als kleine Köstlichkeit für zwischendurch sowie als willkommenes Mitbringsel für Freunde und Verwandte!

Auf meinem Instagram-Account @roeda_hus zeige ich regelmäßig unser Zuhause, unseren Garten mit dem Gewächshaus und den Gemüse- und Blumenbeeten sowie alles, was ich mag und liebe. Zusammen mit meiner Familie lebe ich in der Nähe von Bremen in einem Schwedenhaus und daher leitet sich auch der Name meines Accounts ab.

Starten wir aber jetzt gemeinsam durch die Jahreszeiten und genießen die Früchte der Natur aus dem Garten – ich wünsche dir ganz viele neue Inspirationen und Spaß beim Lesen!

Natascha

Kochleidenschaft UND GÄRTNERGLÜCK

Meine Küche

Wie hier unschwer zu erkennen ist, habe ich *eine ausgeprägte Vorliebe für schön gedeckte Tische, gutes Essen, Deko-Ideen, Flohmarkt-Schätze und meinen Garten.* In unserem Garten baue ich viele Gemüsesorten an, die ich gern in meiner Küche verarbeite. Ich koche leidenschaftlich gerne, probiere neue Rezepte aus oder wandle alte Familienrezepte ab. Schon als Kind habe ich meinen Großvater im Gemüsegarten begleitet, beim Ernten und Einmachen geholfen und dabei auch viele kleine Küchengeheimnisse aus der ostfriesischen Küche erfahren. Daher habe ich meine Kinder schon früh an das Zubereiten von gesunden Leckereien aus dem Garten herangeführt.

Ich liebe es, den Tisch einladend zu dekorieren, damit sich alle Gäste bei uns wohlfühlen. Frische, saisonale Blumen werten jeden gedeckten Tisch auf. Das Auge isst bekanntlich mit! Dafür binde ich gern hübsche Blumen-Arrangements. Ganz besonders liebe ich Dahlien, die ich auch häufig bei meinen Tischdekorationen einsetze.

Am liebsten koche ich saisonal. Jede Jahreszeit hat ihren eigenen Zauber und die Natur liefert uns viele leckere saisonale Köstlichkeiten. Im Frühling ist für uns die Spargelzeit auf jeden Fall unverzichtbar, im Sommer die saftig-süßen Erdbeeren, im Herbst der aromatische Kürbis und die Pilze, und im Winter lieben wir die köstlichen Kohlsorten. Alles, was nicht im Garten angebaut werden kann, kaufe ich regelmäßig frisch beim Gemüse- und Obsthändler meines Vertrauens auf dem Wochenmarkt.

Mein Garten

Es macht mir große Freude, das Gemüse von der Saat bis zur Ernte zu kultivieren und auszuprobieren, was sich in meinem Garten passend zu den Bodenverhältnissen und dem Standort am besten umsetzen lässt. Ich freue mich jeden Morgen, wenn ich durch den Garten streife, um die kleinen Erfolge zu beobachten. Man kann den Pflanzen förmlich beim Wachsen zuschauen. Vom ersten Samen bis zur erntereifen Tomate benötigen die Pflanzen viel Liebe und Aufmerksamkeit. Aber für diese Arbeit wird man am Ende mit einem Geschmackserlebnis belohnt, das aromatischer und saftiger nicht sein könnte.

Unser Garten ist in verschiedene Bereiche unterteilt und je nach Standort geplant. Ich liebe Bauerngärten, weil sie so facettenreich und nachhaltig sind. Mit zahlreichen Stauden und Obstbäumen, dem Gemüsegarten und auch einem Gewächshaus haben wir in unserem Garten ganz bewusst eine große Vielfalt geschaffen. Mir ist zudem sehr wichtig, dass der Garten insekten- und bienenfreundlich ist. Somit können wir und die Tiere das Gartenglück gemeinsam genießen. Für die heimischen Vögel stellen wir ganzjährig Vogelbäder und Futterstellen auf.

Den sonnigsten Platz habe ich meinem Gemüsegarten gewidmet, und eine kleine Kräuterecke versorgt uns mit frischen Kräutern zum Verfeinern der Speisen und Getränke. Aber auch die Schattenplätze wurden begrünt und mit Funkien, Prachtspieren und weiteren schattenverträglichen Stauden bepflanzt.

Ich habe eine Vorliebe für pastellige Farben, die man in den Dahlien und Rosen in vielen Ecken unseres Gartens entdecken kann. Spalierobst, meist Apfel- und Birnenbäume, bieten nicht nur schmackhafte Früchte, sondern auch Schattenplätze zum Verweilen, und ein Brombeer- und ein Johannisbeerstrauch laden zum Naschen ein. Zur ertragreichen Ernte im Spätsommer tragen auch unser kleiner Pflaumen- und ein Walnussbaum bei.

Außerdem gibt es verschiedene Sitzecken, damit man mit der Sonne wandern und den Garten aus unterschiedlichen Perspektiven betrachten kann. An einer Feuerstelle kann man dann auch die kühleren Abende genießen.

Ich habe besonders darauf geachtet, Pflanzen und Sträucher zu pflanzen, die in den unterschiedlichen Jahreszeiten blühen. Auf diese Weise steht der Garten beinahe ganzjährig in Blüte, was ich sehr liebe. Auch im Herbst ist mit leuchtendem Hopfen und bunt gefärbten Weinreben für ein schönes Farbspiel gesorgt.

Die Hingabe und die Liebe zum Gärtnern habe ich von meinem Großvater. Er hat mich oft zu Spaziergängen mitgenommen. Dabei haben wir Brombeeren oder Holunderbeeren eingesammelt und Vögel beobachtet. Außerdem hat er mir viel gärtnerisches Wissen mitgegeben. Dass wir die Natur schätzen, unseren Garten für eine große Artenvielfalt an Insekten wie Bienen und Hummeln einladend gestalten und den Boden, den wir bewirtschaften, für kommende Generationen hegen und pflegen, dies alles bedeutet für mich verantwortungsvolles Gärtnern.

Gemüsepflanzen unterteilt man in Stark-, Mittel- und Schwachzehrer. Diese sollte man je nach ihren Bedürfnissen in einer Mischkultur kombinieren und auch von Gartensaison zu Gartensaison wechseln. Auf diese Weise ist der Gemüsegarten jedes Jahr anders. Mischkulturen sollten gut durchdacht sein, damit sich die Pflanzen ober- und unterirdisch nicht im Weg stehen und sich auch gegenseitig nicht die Nährstoffe streitig machen.

Bis der knackige Salat und die Radieschen in die Salatschale wandern, dauert es natürlich, aber der Geschmack ist unverkennbar herrlich, und dafür lohnt es sich, Zeit und Liebe zu investieren.

Frisch geerntet wandern die saisonalen Gemüsesorten und Salate direkt in die Küche und werden zu kleinen Köstlichkeiten verarbeitet.

Meine Freizeit verbringe ich am liebsten im Garten. Hier ich kann mich herrlich entspannen. Auch gibt es hier immer etwas zu tun, und diese Tätigkeiten helfen dabei, etwas Abstand vom Alltag zu gewinnen. Im Frühling wird die erste Saat ausgebracht, und im Sommer steht die Erntezeit an. Im Herbst werden die ersten Frühblüher in die Erde gebracht, und im Winter darf der Garten seinen wohlverdienten Winterschlaf halten.

„Hier kann man gemütlich unter dem natürlichen Blätterdach sitzen. Eingebettet im Staudenbeet summt und brummt es an jeder Ecke.“

Süppchen können wunderbar in kleinen Espresso-Tassen angerichtet und serviert werden. Die Untertassen bieten die perfekte Ablage für Brotbeilagen und Teelöffel.

Meine Häppchen aus dem Garten

Meine Hobbys Gärtnern und Kochen lassen sich wunderbar miteinander verbinden. Ich pflege die Gemüsepflanzen und Obstsorten in meinem Garten nicht nur mit viel Hingabe, sondern bereite sie auch mit viel Freude und Wertschätzung zu. Die eigene Ernte schmeckt einfach am besten!

Kleine Köstlichkeiten aus dem Garten sind schnell gemacht, und gerade für ungezwungene Gartenpartys oder Familienfeste bereite ich vorzugsweise viele kleine, unterschiedliche Leckereien zu. So können die Gäste von verschiedenen Häppchen kosten und jeder kann sich nach Herzenslust bedienen. Ich freue mich dabei immer wieder, mit ausgefallenen Rezepten zu überraschen. Sie haben meist einen traditionellen Ursprung, wurden von mir aber z. B. mit Kräutern, Blüten oder Gewürzen ergänzt und abgewandelt.

Die Rezepte für Fingerfood und Köstlichkeiten aus dem Garten stammen zwar „aus meiner Schublade“, aber vieles ist natürlich, wenn auch in abgewandelter Form, irgendwie schon einmal dagewesen. Rezepte leben schließlich vor allem von der eigenen Kreativität – sie sind eine Art Weiterentwicklung, die beim eigenen Kochen entsteht. Dabei bereitet es mir unendlich viel Freude, mit den vorhandenen Schätzen meines Gartens Rezepte zu kreieren und zu variieren. Und ich liebe es, meine Rezepte mit anderen zu teilen und mich auszutauschen. Auf diese Weise entdecke ich immer wieder neue Varianten und Möglichkeiten. So sollen auch die Rezepte in diesem Buch für dich eine Hilfestellung sein – aber auch Inspiration für eigene Kreationen. Trau dich, Rezepte auch einmal zu verändern und neue Geschmackskombinationen zu entdecken. Probiere Neues aus – schaue dich in deinem Garten oder Topfgarten um – du wirst überrascht sein, welche Möglichkeiten sich bieten. Im Frühling beispielsweise explodiert die Natur regelrecht und beschert uns jede Menge Vitaminbomben, frische Aromen und knackige Leckereien.

Die *Frühlings-frische* wiederentdecken

Frühlingserwachen IN NATUR UND KÜCHE

Langsam wird es bei uns im Norden wärmer und die zarten Sonnenstrahlen erwärmen behutsam die Erde. Buschwindröschen und Schneeglöckchen recken ihre Köpfe empor, die ersten Tulpen und Osterglocken spitzen durch die Erde, und bald leuchtet der karge Boden wieder in bunter Farbpracht. Im Garten zwitschern munter die Vögel und die Bienen schwirren um die ersten Frühblüher herum. Der Garten erwacht aus seinem langen Winterschlaf.

Mit einer Tasse Kaffee sitze ich dann auf der Veranda und lasse die ersten Sonnenstrahlen auf meinem Gesicht tanzen. Ich genieße den Duft des Frühlings und seine fröhlichen Klänge. Durch den Garten streifend, erfreue ich mich an jeder Blüte, die ich entdecke. An den Sträuchern und Bäumen öffnen sich die ersten Blattknospen und die neue Gartensaison kann allmählich eingeläutet werden.

Die Sehnsucht und schließlich die Freude, wieder im Garten tätig zu sein, könnten nicht größer sein! *Der Tatendrang, den Garten wieder zum Strahlen zu bringen, ist geweckt.* Und nach der langen Winterpause kribbelt es förmlich in meinen Händen. Die kalte Winterzeit habe ich zuvor genutzt, um für den Frühling neue, bienenfreundliche Staudenbeete, einen Gemüsegarten und selbst gebaute Rankhilfen zu planen. Die Skizzen und Pflanzlisten ruhten im Winter geduldig auf dem Papier und sollen im Frühling nun umgesetzt werden.

Zum Oster- und zum Pfingstfest soll alles fertiggestellt sein, um mit der Familie und den Freunden den Frühling in jeder Form zu begrüßen – auch und nicht zuletzt kulinarisch!

So wie das Auge die Lust am frischen Grün wiederentdeckt, so sehne ich mich als Hobbyköchin nach knackigen Salaten und zarten Kräutern und den verlockenden Aromen des Frühjahrs. Ich bereite köstliche Häppchen aus dem Garten zu, die zwischendurch und beim nächsten Garten- oder Familienfest gereicht werden.

Die Tulpen blühen mit dem Bärlauch, der Magnolie und der Clematis um die Wette.

Viele Leckereien hält der Frühling für uns bereit, die wir frisch aus der Natur ernten können: Himmlisch leckere frittierte Holunderblüten, köstliches Fliedereis und würziges Bärlauch-Pesto. Nicht zu vergessen natürlich die Rhabarber-Zeit – sie gehört selbstverständlich zum kulinarischen Frühling dazu. Und nicht zuletzt lassen sich die zarten Blüten der ersten Frühblüher auch gerne zum Dekorieren verwenden. Die herrlichen Kräuter, die mit den warmen Sonnenstrahlen aus ihrem Winterschlaf erwachen, bereichern würzig und voller Vitamine die Küche. Ich liebe es, die saisonalen Zutaten zu verwenden, die die Natur gerade bereithält. Dafür hege und pflege ich die Kräuterpflanzen und verschiedenen Gemüsesorten in meinen Gemüsebeeten nur allzu gerne und kann so meine beiden liebsten Hobbys wunderbar miteinander verbinden – was gibt es Schöneres!

Der Apfelbaum steht in voller Blüte. Die pinkfarbenen Knospen öffnen sich in einem zarten Rosaton, meistens im April. Im Herbst hängen hier dann Äpfel in einem leuchtenden Rot.

CANAPÉS
mit Bärlauch-Pesto

Im Frühling duftet es in Wäldern, Gärten und Parks nach Knoblauch. Der Bärlauch hat jetzt Saison. Er sprießt bereits vor dem ersten Grün der Bäume und wird auf Wochenmärkten überall angeboten. Aber natürlich lässt sich der Bärlauch, der sich rasch und stark vermehrt, auch im eigenen Garten ernten, sofern ein kalkhaltiger Boden gegeben ist. Der Duft nach Knoblauch hilft, seine Blätter von denen der giftigen Maiglöckchen zu unterscheiden. Man verwendet die Blätter und Zwiebel am besten vor der Blüte.

Für ca. 15–20 Stück

Zubereitungszeit: 10 Minuten

Bärlauch-Pesto:

- 200 g Bärlauch
- 20 g Pinienkerne
- 1 TL Salz
- 150–250 ml Olivenöl

Canapé-Basis:

- 1 Baguette

Dekoration:

- Schnittlauch- und Bärlauchblüten

1. Den Bärlauch waschen und in Streifen schneiden.
2. Die Pinienkerne in einer Pfanne ohne Zugabe von Fett hellbraun anrösten und anschließend mit dem Küchenmesser fein hacken.
3. Den Bärlauch, das Öl und das Salz zu den Pinienkernen geben und alles zu einer sämigen Masse verrühren.
4. Ein frisches Baguette in Scheiben schneiden, mit dem Bärlauch-Pesto bestreichen und mit Blüten dekorieren.

BLÄTTERTEIGTASCHEN
mit Spargelfüllung

An der Königin der Gemüsesorten, wie der Spargel gerne genannt wird, kommt man in der Zeit von Anfang April bis zum 24. Juni, dem Johannistag, kaum vorbei. Bei den köstlichen Stangen handelt es sich um die Sprossen der Spargelpflanze, die unterirdisch ca. 25 cm tief gestochen werden. Kommt der an sich weiße Spargelkopf ans Licht, bevor er gestochen wird, verfärbt er sich grün oder violett. Der im Geschmack intensivere grüne Spargel wächst im Gegensatz zum weißen Spargel weitgehend über der Erde und braucht nur teilweise geschält zu werden. Ich verwende den Spargel am liebsten quietschfrisch mit feuchtem Schnittende. Die Spargelpflanze liebt sandige und lockere Böden und lässt sich auch im Garten in mit organischem Dünger vorbereiteten Böden kultivieren. Lässt man den Spargel nach der Erntezeit zu einem kleinen grünen Busch wachsen, sammelt er Kraft und treibt im Frühjahr wieder aus.

Für ca. 6 Blätterteigtaschen

Zubereitungszeit: 45 Minuten

- 250 g grüner Spargel
- 2 Rollen frischer Blätterteig aus dem Kühlregal
- 300 g Crème fraîche
- Gartenkräuter nach Belieben, z. B. Petersilie oder Pimpinelle
- Salz und Pfeffer

1. Vom grünen Spargel gegebenenfalls den holzigen unteren Teil abschneiden und nur die untere Hälfte sparsam schälen. Den Spargel in Salzwasser ca. 8 Minuten bissfest kochen.
2. Den Backofen auf 220 °C Ober- und Unterhitze vorheizen.
3. Den backfertigen Blätterteig ausrollen, mit Crème fraîche bestreichen und in 6 gleich große Quadrate schneiden. Mit frischen Gartenkräutern bestreuen und mit etwas Salz und Pfeffer würzen.
4. Den gekochten Spargel diagonal auf den bestrichenen Blätterteig legen.
5. Die rechte und die linke Blätterteig-Spitze über den Spargel ziehen.
6. Die Spargelpäckchen samt Backpapier auf ein Backblech legen und im vorgeheizten Backofen 15 Minuten backen. Lauwarm serviert schmecken die Taschen besonders gut.

Tipp

Um die Blätterteigtaschen hübsch zu präsentieren, kann man Küchengarn dekorativ um sie binden. Probiere die Taschen auch gerne mit weißem Spargel aus, dann die Spargelkochzeit auf 12 Minuten erhöhen.

Mini-
SPARGEL-QUICHES

Eine Quiche ist immer eine gute Idee und mit Spargel schmeckt sie besonders fein. Die Mini-Quiches schmecken mit weißem wie auch mit grünem Spargel. Wenn Gäste kommen, lässt sich der Teig gut vorbereiten und im Kühlschrank aufbewahren. Ich achte bei der Zubereitung auf frische Eier und auf einen würzigen Käse. Frischer Schnittlauch aus dem eigenen Kräutergarten verleiht den Quiches zudem noch eine würzige Note. Alternativ können auch Kerbel oder Petersilie genommen werden.

Für 12 Mini-Quiches

Zubereitungszeit: 40 Minuten

Teig:

- 250 g Weizenmehl
- 1 Pck. Backpulver
- 1 TL Salz
- 130 g Quark
- 80 ml Milch
- 100 g Butter

Belag:

- 200 g Spargel
- 1 Bund Schnittlauch
- 200 g Crème fraîche
- 2 Eier
- 50 g geriebener Käse, z. B. Emmentaler
- frisch gemahlener Pfeffer
- Salz

Außerdem:

- 12 Mini-Tarteformen oder Muffin-Förmchen

1. Das Mehl mit dem Backpulver und Salz mischen. Quark, Milch und Butter zugeben und mit einem Knethaken zu einem geschmeidigen Teig verkneten. Wenn der Teig klebrig ist, noch etwas Mehl zugeben.
2. Den Teig in 12 kleine Portionen teilen und ausrollen. Den ausgerollten Teig in die Mulden gefetteter Mini-Tarteformen mit Hebeboden geben (alternativ kann man auch Muffin-Förmchen verwenden). Die Förmchen komplett mit Teig auskleiden, damit ein Rand entsteht, und den Boden leicht andrücken.
3. Den Backofen auf 200 °C Ober- und Unterhitze oder 180 °C Umluft vorheizen.
4. Den Spargel von oben nach unten schälen. Weißen Spargel ganz schälen, grünen Spargel nur etwa bis zur unteren Hälfte.
5. Den Schnittlauch waschen und in feine Ringe schneiden. Crème fraîche, die Eier und den geriebenen Käse vermengen. Salz und Pfeffer dazugeben und den Schnittlauch untermischen.
6. Den geschälten Spargel in Stücke schneiden und auf die Teigböden legen. Im Anschluss die Crème fraîche-Masse in die Förmchen geben und im vorgeheizten Backofen 20–30 Minuten backen, bis die Mini-Spargel-Quiches goldbraun sind.

Tipp

Wer keine Fisch-Eier mag, kann diese auch gerne weglassen und mit Kräutern würzen. Auch kleine Sardellenfilets schmecken gut zu den sämigen Eiern.

Gefüllte EIER

Gefüllte Eier sind als Partyfood eigentlich ein Klassiker, aber unverändert lecker und eine schöne Ergänzung zu vielen Häppchen. Werden sie mit frischen Eiern aus dem eigenen Hühnerstall und gerade geernteten Gartenkräutern zubereitet, schmecken sie gleich dreimal so gut!

Für 12 Stück

Zubereitungszeit: 15 Minuten

- 6 Eier
- 1 TL Senf
- 1 TL Essig
- 200 g Frischkäse
- frisch gemahlener Pfeffer
- Salz
- Schnittlauch
- Gartenkräuter nach Belieben
- Spritzbeutel

Dekoration:

- Gänseblümchen
- Kaviar (alternativ Forellen-Eier)

Außerdem:

- Spritzbeutel mit Tülle

1. Die Eier hart kochen, pellen und halbieren.
2. Den Schnittlauch und weitere Gartenkräuter wie Kerbel, Pimpinelle und Petersilie klein schneiden.
3. Die Eigelbe behutsam aus den Eierhälften heben und in einer separaten Schüssel mit dem Senf, dem Essig, dem Frischkäse, Salz und Pfeffer sowie den Gartenkräutern vermischen.
4. Die Masse in einen Spritzbeutel mit Tülle geben und dann in die Eierhälften spritzen.
5. Abschließend die Eier mit Gänseblümchen oder frischen Kräutern verzieren. Als Topping für eine aromatisch-salzige Note den Kaviar darübergeben.

HÜHNERLIEBE
und Eierglück

Hühner im eigenen Garten zu halten, war schon immer ein großer Wunsch von mir. Es ist einfach wunderbar, jeden Morgen frische Eier zu haben, ganz gleich, ob für fluffiges Rührei, leckere Pfannkuchen oder andere kleine Köstlichkeiten. Eier kommen bei uns fast täglich auf den Tisch.

Außerdem ist es herrlich entspannend, den Hühnern zuzusehen, wie sie im Garten emsig picken und scharren. Und wenn die Hennen auch noch Nachwuchs bekommen, ist dies ein ganz besonderes Ereignis!

Wenn man die Küken früh genug handzahm macht, werden Hühner je nach Rasse zudem mit der Zeit sehr zutraulich. Hebt man die Küken und junge Hühner immer wieder einmal hoch, verlieren sie ihre Angst vor Menschen und werden zahm. Glückliche Hühner dürfen frei auf den Boden scharren, nach kleinen Insekten picken und Staubbäder nehmen. Man merkt ihnen tatsächlich an, wenn sie sich wohlfühlen.

> „Frische Bio-Eier aus der eigenen Freilandhaltung sind einfach köstlich."

Tipp

Lecker ist auch ein Honig-Topping auf jeder Eiskugel. Dafür einfach eine Messerspitze cremigen Honig auf die Kugel geben.

Flieder-EISCREME

Der Mai ist gekommen und mit ihm dieser Hauch von Fliederduft, der unseren Garten verzaubert. Der Duft von Flieder – ist es nicht der Frühlingsduft schlechthin? Ich möchte ihn jedes Frühjahr aufs Neue konservieren, darin regelrecht versinken. Diese wunderbare Duftnote mache ich mir für eine ganz besondere kleine Köstlichkeit zunutze: für eine Eiscreme, die es nur zu dieser Jahreszeit geben kann!

Für 12 Portionen

Ziehzeit: 12 Stunden
Zubereitungszeit: 30 Minuten
Gefrierzeit: 6 Stunden

- 300 g Fliederblüten
- 250 ml Sahne
- 400 ml Kondensmilch

1. Die Fliederblüten gut ausschütteln, um kleine Insekten zu entfernen. Gegebenenfalls kurz abbrausen. Dann die Blüten behutsam von den Stielen zupfen. Das nimmt ein wenig Zeit in Anspruch, lohnt sich aber für den puren Geschmack.
2. Die Sahne in eine Schüssel geben und die Blüten unterrühren. Die Schüssel abgedeckt über Nacht in den Kühlschrank stellen.
3. Die Blüten-Sahne durch ein Sieb gießen. Die Kondensmilch unter die Sahne rühren und die Flüssigkeit in einen gefrierfesten Behälter umfüllen. Für mehrere Stunden ins Gefrierfach geben.
4. Sobald das Eis gefroren ist, kann es mit frischen Fliederblüten dekoriert und serviert werden.

LAMMSPIESSE
mit Spinat & Joghurt-Dip

Spießchen sind als Partyfood immer gerne gesehen, weil sie die Möglichkeit bieten, Gemüse und saftiges Fleisch lecker zu kombinieren. Auch das Lammfleisch, das beim Braten schnell trocken wird, bleibt durch die Tomaten sehr schön saftig!

Für 6 Spieße

Ziehzeit: 1 Stunde
Zubereitungszeit: 15 Minuten

- 500 g Lammrückenfilet
- 2–3 Knoblauchzehen
- 1 rote Schalotte
- 100 ml Olivenöl
- Pfeffer
- Salz
- 4 Stängel frischer Thymian
- Pfeffer
- Salz
- 4 Stängel frischer Thymian
- 12 Cherry-Tomaten
- 100 g Blattspinat
- 30 g Butter

Dip:

- 1 Knoblauchzehe
- 250 g Jogurt
- Salz
- Pfeffer
- 2–3 EL rote Radieschen-Kresse oder grüne Kresse

Außerdem:

- 6 Holzspieße

1. Das Lammrückenfilet von Haut und Sehnen befreien. In ca. 2 cm große Würfel schneiden und in eine Schüssel geben.
2. Den Knoblauch sowie die Schalotte in feine Würfel schneiden und gemeinsam mit Olivenöl und Pfeffer, Salz und den abgestreiften Thymianblättchen unter die Lammfleischwürfel mischen. Kurz ziehen lassen.
3. Die Cherry-Tomaten und den Blattspinat waschen und trocknen.
4. Butter in einer Pfanne erhitzen und die marinierten Lammwürfel für 2–3 Minuten scharf anbraten. Dann die Hitze leicht reduzieren, die Cherry-Tomaten dazugeben und 2 Minuten mitbraten. Die Tomaten müssen noch bissfest sein, damit man sie aufspießen kann.
5. Tomaten und Lammwürfel aus der Pfanne nehmen und abkühlen lassen.
6. Für den Dip den Knoblauch pressen, Joghurt dazugeben und mit Salz und Pfeffer abschmecken. 2–3 Esslöffel rote Radieschen-Kresse dazugeben.
7. Den Dip in 6 kleine Schälchen oder Tassen füllen und die Lammwürfel im Anschluss abwechselnd mit frischem Spinat und Cherry-Tomaten aufspießen. Auf kleine Teller anrichten und den Dip bereitstellen oder die Spieße auf eine große Servierplatte anrichten.

Tipp

Man kann auch wunderbar 100 g kleingewürfelte Gurke unter den Dip rühren. Schmeckt sehr erfrischend.

Mini-
ERDBEER-PAVLOVA

Mini-Erdbeer-Pavlova mit fruchtig aromatischen Walderdbeeren ist ein Geschmackserlebnis für sich. Wie auf einer kleinen Wolke gebettet, liegen die pürierten Erdbeeren auf der Baiser-Masse und sind eine kleine Sünde wert.

Für 12 Stück

Zubereitungszeit: 2 Stunden

- 3 Eiweiß
- 1 Prise Salz
- 150 g Puderzucker
- Zitronensaft, frisch gepresst
- 1,5 TL Speisestärke
- 250 g Erdbeeren
- 250 g Mascarpone
- 100 g Naturjoghurt

Dekoration:

- Erdbeerblüten

Außerdem:

- Spritzbeutel mit gezackter Tülle

1. Bei dem Eiweiß auf sehr frische Eier achten! Das Eiweiß mit der Prise Salz steif schlagen. Während des Schlagens den Puderzucker langsam einrieseln lassen. Der Eischnee sollte am Ende schnittfest und glänzend sein. Etwas Zitronensaft und gleichzeitig Speisestärke abschließend dazugeben.
2. Den Backofen auf 100 °C Umluft vorheizen und ein Backblech mit Backpapier auslegen.
3. Die Eiweißmasse in einen Spritzbeutel mit gezackter Tülle geben und kleine runde Meringue-Nester auf das Blech spritzen.
4. Die Nester 60 Minuten backen. Damit die Feuchtigkeit entweichen kann, während des Backens einen Holzlöffel in die Ofentür klemmen. Alternativ regelmäßig die Backofen-Tür öffnen. Dann die Meringue-Nester im Backofen langsam auskühlen lassen.
5. Die Erdbeeren waschen und vierteln.
6. Joghurt und Mascarpone zu einer cremigen Masse verrühren.
7. Die Meringue-Nester mit der Creme und frischen Erdbeeren füllen und mit Erdbeerblüten dekorieren.

GARTENZEIT
im Frühling

Die ersten Frühblüher läuten den Frühling ein und es gibt viel zu erledigen. Die Gartengeräte werden gewartet, die Beete geharkt und für die Aussaat vorbereitet. Die Pflanzkübel werden geschrubbt und die Sträucher vor der Brutzeit der heimischen Vögel zurückgeschnitten. Der Rasen benötigt Pflege und die ersten Übertöpfe werden mit Zwiebelblumen bestückt, falls dies nicht bereits im Herbst zuvor geschehen ist.

Rhabarber sollte bis zum Johannistag (24. Juni) geerntet werden, damit die Stauden ausreichend Regenerationszeit und Kraft für eine ertragreiche Ernte im nächsten Jahr haben.

Die Beete erhalten Nährstoffe für den Saisonstart. Die Kartoffeln lasse ich jetzt im Haus vorkeimen. Es wird nun auch Zeit, die ersten Samen in Anzuchttöpfchen auszubringen. Dafür eignet sich hervorragend Anzuchterde, die alle notwendigen Nährstoffe enthält. Die Anzucht-Planung erfolgte dabei bereits zuvor, denn oft mache ich mir schon im Herbst oder Winter einen Plan, welche Stauden, Gemüsesorten und Blumen ich ergänzen möchte. Auch das Saatgut liegt bereit; entweder kaufe ich hochwertiges Saatgut oder verwende Saatgut, das ich nach der letzten Saison im eigenen Garten abgenommen habe.

Für die Anzucht von Gemüse und auch Blumen und Stauden eignen sich spezielle Anzuchttöpfe. Aber auch Eierkartons kann man dafür wunderbar verwenden. Solange es draußen noch kalt ist, platziert man die Töpfchen dann am besten auf einer hellen Fensterbank. Erst, wenn es keinen Frost mehr gibt, kann man die Saat auch direkt in die Gemüsebeete, das Hochbeet oder in Kübel ausbringen.

Sehr praktisch ist eine Tabelle, die ich anlege und mir hier die verschiedenen Aussaatzeiten notiere. Außerdem mache ich auch häufig kleine Skizzen, die mir helfen, den Gemüsegarten oder ein neu geplantes Staudenbeet zu visualisieren.

Noch vor dem Aussäen oder auch dem Kauf von Setzlingen sollte man sich informieren, welche Pflanzen gut zueinanderpassen. So ergänzen sich manche Gemüsesorten hervorragend, während andere sich dieselben Nährstoffe streitig machen. Auch sollte man sich überlegen, was im Beet wie viel Platz benötigen wird und wo es am besten sitzt.

> „Mit kleinen Hecken und Rosenbögen als Gestaltungselement kann man den Garten in unterschiedliche Räume unterteilen.“

Alte Zinkwannen und -kannen sind nicht nur dekorativ, sondern auch nützliche und nachhaltige Gartenhelfer und Pflanzgefäße.

Sobald ich die ersten jungen Salatpflänzchen in die Erde gebracht habe, decke ich die Gemüsebeete mit Vlies und Folien ab, damit die Pflanzen vor Frost und Schnecken geschützt werden. Gedüngt wird bei uns ausschließlich mit Hornspänen oder selbst angesetzter Brennnesseljauche, angemischt mit Urgesteinsmehl. Schafwolle eignet sich auch hervorragend zum Düngen von Kartoffeln oder Kohlsorten. Ich setze auf natürliche Schädlingsbekämpfung und Düngemittel.

Frittierte HOLUNDERBLÜTEN

Die Blütendolden des Holunders locken mit ihrem aromatischen Duft nicht nur Bienen und Hummeln an, und ich liebe es, die Blüten mit ihrem wunderbaren Geschmack in meiner Küche zu Saft, Sirup oder Gelee weiterzuverarbeiten. Dabei ist wichtig, dass man die Blütendolden nach Möglichkeit vor der Weiterverarbeitung nur gut ausschüttelt und nicht wäscht. Auf diese Weise behalten sie nämlich ihr Aroma. So köstlich – du musst es unbedingt mal probieren! Sie sind so aromatisch und herrlich süß!

Für 20 Stück

Zubereitungszeit: 30 Minuten

- 20 Holunderblüten-Dolden mit Stiel

Teig:

- 300 g Weizenmehl
- 250 ml Milch
- 2 Eier
- 40 g braunen Zucker
- 135 ml Mineralwasser
- 1 Prise Salz
- Pflanzenöl zum Frittieren (z. B. Bio-Rapsöl)

Dekoration:

- 3 EL Puderzucker zum Bestäuben

Außerdem:

- sauberes Küchentuch zum Abtropfen

1. Die Holunderblüten vorsichtig ausschütteln, nicht waschen, damit der köstliche Blütenstaub nicht verloren geht.
2. Alle Zutaten für den Teig zu einem zähen Teig verrühren.
3. Reichlich Öl in eine Pfanne geben und langsam erhitzen.
4. Die Holunderblüten am Stiel festhalten, in den Teig tunken und im heißen Öl in etwa 4–5 Minuten lang ausbacken. Die Blüten sollten eine goldbraune Farbe annehmen.
5. Anschließend die frittierten Blüten auf einem sauberen Küchentuch abtropfen lassen und vor dem Anrichten mit Puderzucker bestreuen.

Tipp

Der Sirup schmeckt auch köstlich über Vanilleeis oder gemixt mit Sekt als Aperitif.

HOLUNDERBLÜTEN-SIRUP
für Holunderblüten-Limonade

Die aromatischen Blütendolden des Holunderbusches lassen sich auch zu einem herrlich-süßen Blütensirup verarbeiten und auf diese Weise konservieren. Die Säure der Zitrone in Verbindung mit dem aromatischen Geschmack ergibt später ein köstliches Kaltgetränk. Da lohnt sich das Sammeln und Pflücken!

Für 1,5 l Sirup

Zubereitungszeit: 30 Minuten

- 20 Holunderblüten-Dolden
- 1 kg Zucker
- 25 g Zitronensäure
- 1 Bio-Zitrone
- 1,5 l Wasser

Außerdem:

- 1 bauchige Glaskaraffe
- Sieb
- kleine Flaschen für den fertigen Sirup

1. Die Holunderblüten leicht abschütteln.
2. Das Wasser mit dem Zucker und der Zitronensäure aufkochen.
3. Die Zitrone mit Schale in Scheiben schneiden und zusammen mit den Holunderblüten in die Glaskaraffe schichten.
4. Den heißen Zucker-Zitronensäure-Sirup über die Blüten gießen und die Karaffe dicht verschließen. Bei Zimmertemperatur 2–3 Tage ziehen lassen.
5. Anschließend den Holunderblüten-Sirup durch ein Sieb gießen und die aufgefangene Flüssigkeit nochmals kurz aufkochen.
6. Den fertigen Sirup in Flaschen füllen. Dunkel gelagert, ist der Sirup fast ein Jahr haltbar.
7. Für einen Krug Blütenlimonade ein wenig von dem Sirup in ein Glas geben und mit Wasser auffüllen. Eiswürfel oder Blüten hinzufügen.

RHABARBER-MUFFINS
mit Baiser-Haube

Rhabarber kann ab April bis in den Juni hinein geerntet werden. Das vitaminreiche Gemüse schmeckt erfrischend säuerlich, wobei der rotstielige Rhabarber mit rotem Fleisch ein milderes Aroma aufweist. Mit seinen großen dekorativen Blättern ist der Rhabarber ein Blickfang im Frühlingsgarten, und er lässt sich wunderbar vielseitig in der Küche verarbeiten.

Für 12 Stück

Zubereitungszeit: 30 Minuten

Teig:

- 300 g Rhabarber
- 150 g weiche Butter
- 120 g braunen Zucker
- 1 Pck. Vanillezucker
- 3 Eier
- 250 g Dinkelmehl
- 2 TL Backpulver

Baiser:

- 3 Eiweiß
- 1 Prise Salz
- 150 g Zucker
- 1 TL Zitronensaft

Außerdem:

- Papierförmchen
- Spritzbeutel
- Flambier-Gerät

1. Die Rhabarberstangen gründlich waschen und in Stücke schneiden.
2. Die Butter mit dem Zucker und dem Vanillezucker schaumig rühren. Die Eier einzeln dazugeben und weiterrühren. Im Anschluss langsam das Mehl und das Backpulver unterrühren.
3. Den Backofen auf 180 °C Ober- und Unterhitze vorheizen.
4. Eine Muffin-Form mit Papierförmchen auslegen und den Teig bis zur Hälfte in die Förmchen füllen. Die Rhabarberstücke auf den Teig legen und den restlichen Teig in die Förmchen füllen.
5. Die Muffins im vorgeheizten Backofen etwa 25 Minuten lang goldbraun backen.
6. Die Eiweiße frischer Eier mit etwas Salz steif und glänzend schlagen. Wenn sich eine Schneemasse gebildet hat, den Zucker und den Zitronensaft unterrühren.
7. Mit einem Spritzbeutel die Baiser-Masse entweder als Tüpfchen oder als ganze Haube auf die Muffins setzen.
8. Die Spitzen der Baiser-Masse mit einem Flambier-Gerät flambieren.

Tipp

Rhabarber in Stücke geschnitten lässt sich auch gut einfrieren, um ihn später für Kuchen oder Kompott zu verwenden.

WALDERDBEER-RHABARBER-KOMPOTT *mit Vanillesoße*

Es gibt Kombinationen, die sind einfach nicht zu toppen, denn die Aromen der Protagonisten ergänzen sich einfach aufs Vorteilhafteste. Die erfrischende Säure des Rhabarbers und die fruchtige Süße der Erdbeeren sind so eine bewährte und stets leckere Kombi. Die Erdbeersaison beginnt bei uns im Mai und natürlich schmecken die roten Früchte frisch gepflückt am allerbesten. Im Kühlschrank verlieren sie rasch an Aroma, daher verwende ich sie stets erntefrisch!

Für 12 Gläser

Zubereitungszeit: 30 Minuten

Vanillesoße:

- 1 Vanilleschote
- 250 ml Vollmilch
- 250 ml Sahne
- 70 g Zucker
- 5 Eigelb

Kompott:

- 500 g Walderdbeeren
- 250 g Rhabarber
- 150 g Kokosblütenzucker
- 3–4 EL Wasser
- 1 Vanilleschote

1. Für die Vanillesoße die Vanilleschote längs aufschneiden, das Mark herauskratzen und dieses zusammen mit der Schote, der Milch, der Sahne und dem Zucker in einem Topf zum Kochen bringen. Vom Herd nehmen und auskühlen lassen.
2. Die Schote aus der Milch-Sahne-Mischung entfernen, die 5 Eigelbe frischer Eier hinzufügen und unter ständigem Rühren langsam erhitzen. Die Masse darf nicht kochen.
3. Anschließend die Soße durch ein Sieb passieren und bis zum Servieren kühl stellen.
4. Für das Kompott die Walderdbeeren von den Stielen entfernen. Den Rhabarber waschen, schälen und in dünne Scheiben schneiden. Den Kokosblütenzucker über den Rhabarber geben und alles 30 Minuten ziehen lassen.
5. Im Anschluss den Rhabarber mit wenig Wasser langsam weich kochen.
6. Jetzt die Erdbeeren, etwas Wasser und das herausgekratzte Mark der Vanilleschote zum Rhabarber geben und unter Rühren so lange köcheln lassen, bis ein sämiges Kompott entsteht.
7. Das Kompott in kleine Gläschen füllen und mit der Vanillesoße am besten lauwarm servieren.

Erdbeer-TARTELETTES

Wenn im Mai die frischen Erdbeeren zu leuchtend roten Früchten heranreifen, ist der Sommer nicht mehr weit. Ihr frischer Duft erfüllt dann immer meine Küche und ich backe die kleinen Erdbeer-Tartelettes, die alle so lieben und die auch optisch ein Hingucker sind. Minze ergänzt das Erdbeeraroma ganz hervorragend, daher lege ich immer frisch gepflückte Minzblätter als Dekoration dazu.

Für 6 Stück

Zubereitungszeit: 40 Minuten

Teig:

- 150 g Weizenmehl
- 50 g Puderzucker (alternativ Kokosblütenzucker)
- 1 Prise Salz
- 1 Ei
- 100 g kalte Butter

Füllung:

- 2–3 TL Zitronensaft
- 200 g Quark (alternativ Mascarpone)
- 150 g Naturjoghurt
- 90 g Zucker

Belag:

- 6 frische Erdbeeren
- Minzblätter

Außerdem:

- Kreis-Ausstecher, Ø 10 cm
- 6 Tartelette-Förmchen mit Hebeboden
- Backerbsen

1. Das Mehl, das Salz und das Ei in eine Schüssel geben. Die Butter in Stückchen dazugeben und alles zügig zu einem glatten Teig verkneten. Den Teig in Frischhaltefolie wickeln und mindestens 1 Stunde lang im Kühlschrank ruhen lassen.
2. Die Tartelette-Förmchen einfetten und mit Mehl ausstäuben.
3. Den Backofen auf 180 °C Ober- und Unterhitze vorheizen.
4. Den Teig aus dem Kühlschrank nehmen, auf der bemehlten Arbeitsfläche ausrollen und 6 Kreise ausstechen. Die Tartelette-Förmchen damit auslegen. Den Boden mit einer Gabel einige Male einstechen.
5. Die Tartelettes mit Backpapier bedecken und mit Backerbsen beschweren. Bei 180 °C etwa 20–25 Minuten lang backen.
6. Währenddessen den Quark mit dem Naturjoghurt verrühren, 2–3 TL Zitronensaft dazugeben und den Zucker unterrühren.
7. Die Tartelette-Förmchen aus dem Ofen nehmen, die Backerbsen und das Backpapier entfernen und abkühlen lassen.
8. Die Creme-Füllung in die Tartelettes geben.
9. Die Erdbeeren waschen, in Scheiben schneiden und auf der Creme arrangieren. Zum Schluss mit Minzblättern garnieren.

> Bis die ersten Pfingstrosen blühen, kann es drei Jahre dauern. Die Geduld macht sich aber bezahlt, denn man wird mit einer wunderschönen Blütenpracht belohnt.

Die Sommer-freuden ausleben

SOMMERLICHE LEICHTIGKEIT
mit Wohlfühleffekt

Die Tage werden zunehmend länger und sind lichtdurchflutet. Der Garten steht jetzt bei uns in voller Blüte und hat sich zu einer grünen Wohlfühloase entwickelt. Es duftet nach Kräutern, frischem Gemüse, der Duft der Staudenbeete und des Lavendels strömt in meine Nase. Bei einer Tasse Tee lehne ich mich an durchwachsenen Tagen entspannt in meinem gemütlichen Sessel im Gewächshaus zurück. Dabei erfreue ich mich an den Tomaten, Gurken und Weinreben, die hier wachsen und gedeihen. Es ist mein kleiner Rückzugsort, an dem ich gerne verweile und mich eingebettet und umgeben von meinen Pflanzen sehr geborgen fühle. An verregneten Sommertagen sitzen wir hier auch oft gemeinsam mit der Familie.

Die Gemüsebeete verströmen herrlich-erdige Düfte und täglich streife ich durch die Beete und erfreue mich an jeder neuen Entwicklung. Kohlrabi, Brokkoli, Salate und Bohnen wachsen und gedeihen Tag für Tag.

Die Erntezeit des Sommers ist gekommen, und für die Arbeit der vergangenen Monate wird man nun entlohnt. Es gibt für mich nichts Köstlicheres als selbst geerntetes Obst und Gemüse. Das weckt in mir jedes Jahr aufs Neue liebgewonnene Erinnerungen. Schon damals in meiner Kindheit durfte ich auf dem Feld mit meinem Großvater Kartoffeln ernten, die er mit seiner alten Kartoffel-Gabel aus der Erde zum Vorschein brachte. Ich habe sie wie kleine Schätze eingesammelt, die unterschiedlichen Größen und Formen bestaunt und mich darüber gefreut, wenn ich eine herzförmige Kartoffel entdeckt habe. Die gab es dann zum Mittagessen nur für mich. Ich kann mich noch so gut erinnern, wie wir die frischen Möhrchen aus der Erde gezogen haben, die unterschiedlicher und perfekter nicht aussehen konnten. Wir haben sie an der Brunnenpumpe mit klarem und eiskaltem Wasser abgespült. Sie waren so knackig-aromatisch, eine wahre Geschmacksexplosion!

Sich ein schattiges Plätzchen unter dem Apfelbaum suchen und die Seele baumeln lassen – gibt es etwas Schöneres?

So schmeckte schon als Kind für mich der Sommer und diese Erfahrung wollte ich auch an meine Kinder weitergeben. Frisch geerntet schmeckt einfach am besten! Mit viel Freude und Hingabe bereite ich meine Ernte zu und zaubere kleine Köstlichkeiten für unser Sommerfest. Ich zeige dir nachfolgend meine Lieblingsrezepte: Wie man mit wenigen Handgriffen ein festliches Buffet bereiten kann, wie man Kräuter trocknet und was man Schönes aus der Kräutervielfalt zaubern kann.

Es erwarten dich ein köstlicher Lavendel-Cocktail, ein schmackhaftes Zuckerschoten-Süppchen, Brokkoli-Bällchen und Mini-Stullen belegt mit Leckerbissen aus dem Garten.

> „Ein Picknick mit einem leckeren Salat aus dem eigenen Garten und selbstgemachter Limonade gehört für mich zum Sommer dazu."

GARTENZEIT
im Sommer

In den Sommermonaten müssen alle Pflanzen regelmäßig gegossen werden. Auch sollte man sie gelegentlich begutachten, um Krankheitserreger schnell zu erkennen. Die Beete werden häufiger geharkt und von Unkraut befreit, damit die Pflanzen ausreichend Platz haben, um gedeihen zu können.

Der Sommer ist die Genusszeit im Garten: Salate, Brokkoli, Möhren, Kartoffeln, Erdbeeren, Beeren und Bohnen warten nur darauf, geerntet und zubereitet zu werden. Die Obstbäume werden gepflegt und die Rosen gedüngt. Ich nehme die Zwiebeln der Frühlingsblumen aus der Erde und pflanze Gemüsepflanzen und Salate nach.

Ich verwende wirklich alles Gemüse und Obst, das in meinem Garten reift. Was ich nicht gleich zubereiten kann oder was nicht gelagert werden kann, wird eingekocht, eingemacht oder getrocknet. So verkommt nichts!

Aromatische Kräuter trockne ich sehr gern. So werden sie haltbar, und ihr sommerliches Aroma wird für den Rest des Jahres konserviert.

Minze
Basilikum

Tipp

Natürlich kann man auch kleine Hühnereier (Größe S) verwenden, vielleicht sogar eigene?

CANAPÉS MIT WACHTELEIERN *auf Spinatbett*

Die Kombination von Ei und Spinat ist ein Klassiker, der sich über die Jahre bewährt hat. Bereits als Kind gab es den Spinat bei uns gerne mal mit einem Spiegelei darauf. Für die Canapés habe ich mich für kleine Wachteleier entschieden. Aufgrund ihrer Größe eignen sie sich vortrefflich hierfür. Beachten muss man nur ihre wesentliche kürzere Kochzeit.

Für 8 Stück

Zubereitungszeit: 10 Minuten

- 100 g Frischkäse
- frische Gartenkräuter
- 4 Wachteleier
- 8 runde Scheiben Pumpernickel
- 200 g frischer Spinat
- 1 EL Olivenöl
- 50 g Pinienkerne

Dekoration:

- Gänseblümchenblüten

1. Die Gartenkräuter fein hacken und mit dem Frischkäse verrühren.
2. Die Pumpernickel mit dem Kräuter-Frischkäse bestreichen.
3. Den frischen Spinat zusammen mit den Pinienkernen in einem Mixer kleinhacken. Die Spinatmasse auf dem Frischkäse verteilen.
4. Wasser zum Kochen bringen und darin die Wachteleier 90 Sekunden lang kochen. Danach die Eier abschrecken, pellen und halbieren.
5. Je eine Eihälfte auf ein Spinatbett betten und genießen. So lecker!

Tipp

Aus den Toastbrot-Rändern kann man einfach selbst gemachtes Paniermehl herstellen. Die Brotreste hierfür ein paar Tage an der Luft hart werden lassen und dann zermahlen.

Gurken- SANDWICHES

Gurken können von Juli bis in den Oktober hinein im Garten als Schlangengurken oder auch Schälgurken geerntet werden. Als Ergänzung für Salate, kalte Suppen oder Sandwiches finde ich sie erfrischend und einfach nur köstlich. Wenn ich Gurken im Salat verwende, gebe ich sie erst ganz zum Schluss zur Marinade, da sie sonst Wasser ziehen.

Für 6 Stück

Zubereitungszeit: 10 Minuten

- 4 Scheiben Toastbrot
- 50 g Joghurt
- 100 g Frischkäse
- frische Gartenkräuter
- 1 Bio-Gurke

Dekoration:

- Kornblumenblüten
- Gurkenscheiben

1. Zuerst die Krusten vom Toastbrot entfernen und das Brot in etwa 3 × 5 cm große Schnittchen schneiden.
2. Den Joghurt mit dem Frischkäse verrühren. Die Gartenkräuter klein schneiden und unter die Joghurt-Frischkäse-Mischung rühren.
3. Die Gurke schälen und klein raspeln oder in Scheiben schneiden. Die Schnittchen mit der Joghurt-Frischkäse-Masse bestreichen und mit Gurkenscheiben sowie einer weiteren Toast-Schnitte belegen.
4. Zur Dekoration geviertelte Gurkenscheiben mit Schale und Kornblumen-Blütenblätter verwenden.

Mohn- KNUSPERSTANGEN

Mohn zählt zu den ältesten Heil- und Kulturpflanzen überhaupt und war aus gutem Grund bereits in den Klostergärten des Mittelalters zu finden. Mohn gibt es als ein-, zwei- oder mehrjährige Pflanze, und zu seiner Pflanzengattung zählen über 100 Arten. Mich begeistert der Mohn jeden Sommer wieder aufs Neue mit seinen zarten, filigranen Blüten. Man sollte unbedingt beachten, dass nicht alle Mohnsorten essbar sind! Die zum Backen verwendbaren Mohnsorten sind der graue, der blauschwarze und der weiße Mohn. Der rot leuchtende Klatschmohn ist dagegen nicht essbar! Auch bei den zum Verzehr geeigneten Mohnsorten eignen sich nur die Mohnsamen, die Pflanze selbst ist giftig. Auf Nummer Sicher geht man, wenn man Mohnsamen nicht selbst erntet, sondern im Lebensmittelhandel kauft.

Für 6–8 Stück

Zubereitungszeit: 20 Minuten
Backzeit: 25 Minuten

- 1 kleine Zwiebel
- 1 TL Pflanzenöl
- 100 g Kochschinken, gewürfelt
- 1 Rolle Blätterteig aus dem Kühlregal
- 50 g Tomatenmark
- 180–200 g Ajvar (Paprika-Auberginen-Paste)
- 80 g geriebener Käse
- 1 Ei
- 2 EL Mohnsamen
- 2 EL ungeschälter Sesam

1. Die Zwiebel schälen, klein schneiden und in etwas Öl anschwitzen. Die Schinkenwürfel dazugeben und beides ca. 2 Minuten lang anbraten. Anschließend beiseitestellen.
2. Den Backofen auf 180 °C Ober- und Unterhitze vorheizen.
3. Den Blätterteig mit dem Backpapier ausrollen. Den Teig inklusive des darunter befindlichen Backpapiers mit einem Messer halbieren. Beide Teigplatten mit Tomatenmark und Ajvar bestreichen.
4. Die Schinken-Zwiebel-Mischung sowie die Hälfte des Käses gleichmäßig auf einer der Teigplatten verteilen.
5. Die zweite Teigplatte nun inklusive Papier auf die andere Hälfte der Teigplatte legen. Beide Papierseiten zeigen nach außen. Das obere Papier entfernen.
6. Das Ei verquirlen und die obere Teigplatte mit der Hälfte des Eies bestreichen. In Streifen mit Mohn und Sesam bestreuen. Das Backpapier wieder auflegen und das komplette Blätterteig-Stück unter Zuhilfenahme eines Brettchens wenden.
7. Das Papier entfernen und diese Teigseite ebenfalls mit Ei bestreichen sowie mit Mohn, Sesam und dem restlichen Käse bestreuen.
8. Sämtliches Papier entfernen und die Teigplatte mit einem Messer in etwa 6–8 Streifen schneiden.
9. Jeden Streifen vorsichtig lösen, auf ein mit Backpapier belegtes Backblech legen und dort spiralförmig eindrehen, sodass die Zwirbel-Optik entsteht. Die Knusperstangen in ca. 25 Minuten goldbraun backen.

Tipp

Aus den Brotresten kann man wunderbar selbst gemachte Croûtons zaubern. Die Brotreste hierfür einfach würfeln und in einer Pfanne mit etwas Butter oder Öl anrösten.

VITAL-STULLEN
mit Radieschen

Radieschen schmecken gartenfrisch und schön knackig einfach am besten. Ich mag den scharf-würzigen Geschmack. Sollten einmal ein paar Radieschen übrig sein, verwahre ich sie ohne Blätter im Plastikbeutel und im Kühlschrank auf. So bleiben sie zwei bis drei Tage lang schön knackig, und eine herzhafte Mini-Brotzeit ist immer schnell gemacht.

Für 12 Stück

- 8 Vitalbrot-Scheiben
- 1 kleiner Bund Schnittlauch
- 100 g Frischkäse
- 100 g Feldsalat
- 160 g Möhren
- 80 g Radieschen
- Schnittlauch

Dekoration:

- Petersilie

Außerdem:

- Linzer-Ausstecher, Ø 5 cm

1. Das Vitalbrot mit dem Ausstecher ausstechen. Je nach Größe der Scheiben ergibt jede Brotscheibe drei runde Brottaler.
2. Den Schnittlauch waschen, klein schneiden und in den Frischkäse rühren.
3. Das Brot mit dem Schnittlauch-Frischkäse-Aufstrich bestreichen.
4. Den Feldsalat putzen. Die Möhren und die Radieschen abwaschen und gut säubern. Beides fein raspeln und zusammen mit den Feldsalatblättchen auf dem Schnittlauch-Aufstrich verteilen.
5. Einen zweiten Brottaler auflegen und mit Petersilie dekorieren.

Mit kleinen selbst gemachten Radieschen-Toppern kann man der Brotzeit eine ganz besondere Note verleihen. Die Topper kannst du dir auf Seite 142 herunterladen und ausdrucken.

Tipp
Die Zucchini-Röllchen schmecken nicht nur warm, sondern auch als kalter Snack ausgezeichnet. Sie eignen sich auch gut als Beilage zu Fleisch oder Fisch.

Zucchini-RÖLLCHEN

Meine Zucchini reifen von etwa Ende Juli bis in den Oktober hinein. Ich schätze dabei durchaus die eher kleineren Früchte von bis zu 20 cm Länge, denn sie schmecken am aromatischsten. Weiße kleine Punkte auf der Schale zeigen an, dass es sich um Freilandgemüse handelt. Zucchini lassen sich in der Sommerküche vielseitig einsetzen und schmecken sogar roh. Ich verwende ihr Fleisch gerne auch geraspelt für Reibekuchen mit Möhren und Kartoffeln oder eben als Scheiben in Röllchen mit Ziegenkäse – lecker!

Für 8–10 Röllchen

Zubereitungszeit: 35 Minuten

- 1 große Zucchini
- 250 g griechischer Feta-Käse aus Ziegenmilch
- 2 EL Olivenöl
- 1 TL Oregano
- Salz
- Pfeffer

Außerdem:

- 8–10 Zahnstocher

1. Die Zucchini gründlich waschen und der Länge nach in lange, etwa 3 mm dünne Scheiben schneiden. Die Scheiben von beiden Seiten mit Salz, Pfeffer und Oregano würzen.
2. Das Olivenöl in einer Pfanne erhitzen und die Zucchini-Scheiben 2 Minuten von beiden Seiten anbraten, bis sie etwas glasig werden. Dann aus der Pfanne nehmen und zur Seite legen.
3. Den Backofen auf 180 °C Ober- und Unterhitze vorheizen.
4. Feta-Käse in dünne Scheiben schneiden und auf die Zucchini-Scheiben legen. Anschließend die Zucchini-Scheiben von einer Seite aus bis zum Ende einrollen, mit einem Zahnstocher fixieren. Ein Backblech mit Backpapier auslegen und die Röllchen darauf platzieren.
5. Die Zucchini-Röllchen 15–20 Minuten lang im Backofen backen. Sie sind fertig, wenn der Feta-Käse schmilzt.

Sommer-ROLLEN

Ich bin immer froh über Gerichte, in denen gleich mehrere Gemüse aus meinem Garten zum Einsatz kommen können. Die Sommerrollen sind solch ein Rezept, für das ich einfach durch meine Gemüsebeete streife und schaue, was erntereif ist. Die Rollen sind mit ihrer Blütendekoration auch immer ein echter Hingucker auf jedem Sommerbuffet!

Für 6 Stück

Zubereitungszeit: 45 Minuten

- 100 g Glasnudeln
- 100 g Sushi-Reis
- 50 g Lauchzwiebeln
- 50 g Chinakohl
- 50 g Rotkohl
- 50 g Möhren
- 30 g Radieschen
- 6 Blätter Reispapier
- 100 g Räucherlachs
- 2 EL ungeschälter Sesam

Dekoration:

- 12–14 Veilchenblüten

1. Die Glasnudeln und den Sushi-Reis gemäß Herstellerangaben kochen. Die Lauchzwiebeln, den Chinakohl, den Rotkohl, die Möhren und die Radieschen in kleine Stifte schneiden. Das sieht schön aus und lässt sich auch am besten einrollen.
2. Das Reispapier Blatt für Blatt für 1–2 Minuten in kaltem Wasser einweichen.
3. Das Reispapier auslegen, ein paar Veilchenblüten mit dem Kopf nach unten mittig auflegen und im Anschluss nach Herzenslust mittig in einem Streifen mit Reis, Nudeln, Gemüsestiften und Lachs belegen.
4. Das Reispapier von unten nach oben ein Stück umschlagen und dann von einer Seite her aufrollen.

Tipp

Zum Dippen eignen sich hervorragend Soja-, Saté- und weiße Schokoladensoße.

Tipp

Die fertigen Puffer kann man im Backofen bei niedriger Temperatur gut warmhalten. Als Topping gerne einen Klecks Crème fraîche verwenden.

Zucchini- MÖHREN-PUFFER

Reibekuchen sind ein Klassiker – schnell gemacht und mit frischem Apfelmus oder Quittengelee der pure Genuss. Die meisten von uns kennen sie als Kartoffelpuffer. Tatsächlich lassen sich die leckeren Puffer aber auch als Gemüsepuffer mit Kartoffeln, Möhren und Zucchini machen. Ich füge zum Teig immer gerne frische Gartenkräuter und Haferflocken hinzu. Erstere geben dem Ganzen einen zusätzlichen aromatischen Kick, und die Haferflocken sorgen zusammen mit dem Paniermehl für eine gute Konsistenz.

Für 12 Stück

Zubereitungszeit: 30 Minuten

- 1 große Kartoffel
- 450 g Zucchini
- 200 g Möhren
- 1 Zwiebel
- 2 EL gehackte Kräuter
- 2 Eier
- 6 EL kernige Haferflocken
- 1 TL Salz
- 1 TL gekörnte Gemüsebrühe
- ½ TL frisch gemahlenen Pfeffer
- 100 g Dinkel-Paniermehl
- Pflanzenöl zum Ausbacken

1. Die Kartoffel waschen, schälen, würfeln und 10 Minuten vorkochen.
2. Die Zucchini und Möhren ebenfalls waschen, die Möhren schälen und anschließend beides grob raspeln und miteinander vermengen.
3. Geschälte Zwiebel und Kräuter klein schneiden.
4. Die Kartoffelwürfel zerdrücken. Das Gemüse, die Eier, die Zwiebel, die Kräuter, die Haferflocken, das Salz, die gekörnte Gemüsebrühe, den Pfeffer und das Dinkel-Paniermehl miteinander zu einer geschmeidigen Teigmasse verrühren.
5. Aus jeweils 2–3 EL der Masse Kugeln formen und platt drücken.
6. Die kleinen Fladen in eine heiße Pfanne mit Öl gegeben und beidseitig bei mittlerer Hitze jeweils in ca. 4 Minuten goldbraun braten.

Zuckerschoten-SÜPPCHEN

Das Schöne an Zuckerschoten ist, dass ich sie als ganze Schoten verwenden kann und nur den Stiel entfernen muss. Frisch gepflückt schmecken sie tatsächlich zuckersüß, weshalb ich sie erst kurz vor dem Verbrauch im Gemüsebeet ernte.

Für 12–16 Portionen (Espressotassen)

Zubereitungszeit: 30 Minuten

- 1 Zwiebel
- 200 g Kartoffeln
- 2 EL Öl
- 1 l Gemüsebrühe
- 400 g Zuckerschoten
- 200 ml Sahne
- 1 Prise Zucker
- Salz
- Pfeffer

1. Die Zwiebel schälen und fein würfeln. Die Kartoffeln schälen und ebenfalls würfeln.
2. Das Öl in eine Pfanne geben und erhitzen. Die Zwiebel darin glasig dünsten, die Kartoffelwürfel dazugeben und ebenfalls kurz dünsten.
3. Mit der Gemüsebrühe ablöschen, zugedeckt kurz aufkochen und bei schwacher Hitze 15 Minuten köcheln lassen.
4. Die Zuckerschoten putzen, halbieren, in die Brühe geben und die letzten 3–5 Minuten mitkochen lassen.
5. Die Sahne in die Suppe geben und alles fein pürieren.
6. Dann die Suppe mit Zucker, Salz und frisch gemahlenem Pfeffer abschmecken und in kleinen Espressotassen servieren.

Tomaten-QUICHES

Bei kaum einem anderen Gemüse schmeckt man so sehr den Unterschied zwischen Freiland und Gewächshaus! Mit dem Geschmack von sonnenwarmen Tomaten verbinde ich die Sommer meiner Kindheit. Mittlerweile gibt es sehr viele verschiedene Sorten und man hat die Qual der Wahl. Auch in Gelb und Orange sind sie zu bekommen. Die kleinen Kirschtomaten mit ihrem süßen Aroma eignen sich besonders gut für Salate oder für Quiches. Den grünen Stielansatz entferne ich aber grundsätzlich bei allen Tomaten, da er den gesundheitsschädlichen Stoff Solanin enthält.

Für 12 Stück

Zubereitungszeit: 45 Minuten

Teig:

- 250 g Weizenmehl
- 1 Ei
- 125 g kalte Butter
- 1 Prise Salz

Belag:

- 2 Frühlingszwiebeln
- 1 Knoblauchzehe
- 8 Eier
- 50 ml Sahne
- 70 g geriebener Parmesankäse
- Salz
- Pfeffer
- 12–16 Kirschtomaten
- Gartenkräuter

Außerdem:

- Muffin-Förmchen
- ein runder Ausstecher oder ein Glas, Ø 10 cm

1. Für den Teig das Mehl in eine Schüssel sieben und das Ei sowie das Salz hinzufügen. Die Butter in kleine Stücke schneiden, alles zügig zu einem glatten Teig verkneten und für 30 Minuten kaltstellen.
2. Für den Belag die Frühlingszwiebeln in feine Ringe schneiden und den Knoblauch schälen.
3. Die Eier, die Sahne sowie den Käse verrühren und den Knoblauch hineinpressen. Mit Salz und Pfeffer würzen.
4. Die Muffin-Förmchen einfetten und den Backofen auf 180 °C Umluft vorheizen.
5. Eine Arbeitsfläche bemehlen und den Teig dünn ausrollen.
6. Mit einem Glas Kreise von 10 cm Durchmesser ausstechen.
7. Die Muffin-Förmchen mit den Teigkreisen auskleiden.
8. In die Mulden des Teigs jeweils 1–2 Mini-Tomaten geben und mit der Eimasse auffüllen.
9. Die Mini-Quiches bei 180 °C Umluft 20–30 Minuten lang backen. Warm oder kalt servieren.

Tipp

Sollten die Kohlrabi-Scheiben zu dick geraten sein, können sie kurz für 1–2 Minuten in kochendes Wasser gegeben und in Eiswasser blanchiert werden. Danach lassen sie sich auf jeden Fall gut rollen.

KOHLRABI-CARPACCIO *mit Burrata*

Bei Kohlrabi aus dem eigenen Anbau kann man sicher sein, dass die Knolle nicht holzig ist. Ihre Frische ist hierfür einfach der Garant, und ich kann das gesunde und vitaminreiche Gemüse von Ende Mai bis Oktober ernten. Dabei ist nicht nur die Knolle selbst in der Küche zu verwerten, sondern auch die frischen Blätter, denn in diesen steckt besonders viel Vitamin C. In meinem Garten pflanze ich roten und grünen Kohlrabi an. Für das nachfolgende Rezept kann man beide Sorten verwenden.

Für 12 Portionen

Zubereitungszeit: 15 Minuten

- 1 Kohlrabi
- 1 Burrata (italienischer Frischkäse)
- Petersilie
- Schnittlauch
- Salz
- Pfeffer

Dekoration:

- Zimbelkrautblüten

1. Den Kohlrabi schälen und in hauchdünne Scheiben schneiden. Die Kräuter klein schneiden.
2. Auf die Kohlrabi-Scheiben jeweils 1 Teelöffel zerzupften Burrata-Käse geben und mit den Gartenkräutern bestreuen. Mit Salz und Pfeffer würzen.
3. Im Anschluss die Seiten der Kohlrabi-Scheiben umklappen und einrollen, sodass ein kleines Päckchen entsteht. Man kann sie auch mit einem Zahnstocher fixieren.
4. Das Kohlrabi-Carpaccio mit den violettfarbenen Blüten des Zimbelkrauts garnieren. Zimbelkraut ist reich an Vitamin C und verschönert im Garten langweilige Steinmauern.

TOMATENSUPPE
aus frischen Tomaten

Leckereien in kleinen Gläsern sind immer eine nette Idee und gehen gut als Fingerfood durch. Mit ihrer hübschen Optik sorgen sie für Abwechslung auf dem Buffet. Gerne nehme ich hierfür kleine Einmachgläser und dekoriere sie mit einem Sahne-Häubchen.

Für 6–8 Gläser (160 ml)

Zubereitungszeit: 30 Minuten

- 500 g Tomaten
- 1 Zwiebel
- 20 g Butter
- 1 l Gemüsebrühe
- 80 g Kokoszucker
- 100 ml Sahne
- Salz
- Pfeffer
- 1–2 Stängel glatte Petersilie
- 1–2 Zweige Thymian

Dekoration:

- 200 ml Sahne
- 2–3 Stängel glatte Petersilie
- 1–2 Lauchzwiebeln

1. Die Tomaten waschen und klein schneiden.
2. Die Zwiebel schälen und klein schneiden. Die Butter in einer Pfanne zerlassen und die Zwiebelstücke darin glasig andünsten.
3. Die Zwiebel mit der Gemüsebrühe ablöschen und die Tomatenstücke dazugeben.
4. Alles bei mittlerer Hitze 15 Minuten lang köcheln lassen, den Zucker und die Sahne dazugeben und mit einem Pürierstab pürieren.
5. Die Petersilie und den Thymian klein hacken. Die Suppe mit Salz und Pfeffer und den Kräutern abschmecken.
6. Die Sahne für das Topping steif schlagen.
7. Die Lauchzwiebel in feine Ringe schneiden. Die Suppe in die Gläschen füllen und mit einer Sahnehaube versehen. Mit Lauchzwiebel-Ringen und Petersilienblättchen dekorieren.

SOMMERFESTE UND GENUSS *im Garten*

Bei einem Sommerfest versuche ich, die Jahreszeit hervorzuheben. Die Leichtigkeit, die Fülle an Obst und Gemüse und die saisonalen Blumen stehen hierbei im Vordergrund. Der Sommer soll mit all seinen Düften und Farben regelrecht zelebriert und gefeiert werden. Schließlich möchte ich, dass unsere Gäste ein Sommerfest voller Leichtigkeit und Genuss in Erinnerung behalten, auf dem sie willkommen geheißen und umsorgt wurden. Wir feiern dann bis in die späten Abendstunden hinein und genießen die Sommernächte gemeinsam.

In kleinen Einmachgläsern kann man Blumen, Gräser und Wildblumen hübsch arrangieren und an Zweigen herabhängen lassen.

Bei den kleinen Köstlichkeiten, die ich hierfür zubereite, behalte ich auf jeden Fall im Auge, ob es Unverträglichkeiten oder Allergien gibt, damit sich auch alle Gäste wohlfühlen und beherzt zugreifen können.

Das Essen stelle ich meist in kleinen, individuellen Portionen bereit: in kleinen Einmachgläsern, Espressotassen, Schälchen, auf Spießen, in Bambusschiffchen oder in Papier gewickelt auf kleinen Holzbrettchen oder Schieferplatten. Auch Amuse-Gueule-Löffel, Servietten, Muffin-Förmchen oder Vorspeisenteller eignen sich gut für Fingerfood. Ich habe auch schon Teelichthalter verwendet. Der Kreativität sind keine Grenzen gesetzt. *Mein Tipp:* Immer kleine Cocktail-Servietten bereitlegen!

Sehr dekorativ wirkt es, wenn man auf dem Buffet unterschiedliche Höhen schafft. Das gelingt z. B. mit unter der Tischdecke platzierten flachen Kuchenformen. So sieht das Buffet einladend aus und man kann alles gut erreichen. Statt auf einem Buffet kann man die Häppchen natürlich auch auf Tabletts reichen.

Kleine Stehtische bieten Platz zum Abstellen der Gläser und lockern das Ambiente auf. Im Garten verteilte Sitzplätze sorgen für eine offene und einladende Garten-Party. Dabei schaffen Textilen wie Tischdecken und Kissen eine behagliche Atmosphäre und bunte Gartensträuße lassen sich einfach und schnell auf Tischen und auf dem Buffet arrangieren.

Das Licht ist immer ein sehr wichtiger Aspekt für die Atmosphäre im abendlichen Garten. Lichterketten, Kerzen und Laternen sorgen bei Dämmerung für eine gemütliche Stimmung, und Lampions, Pompons und Wimpel runden das Sommerfest ab.

Ein Gartenfest sollte ungezwungen sein. Damit sich jeder selbst bedienen kann, ist es gut, wenn Getränke an verschiedenen Orten im Garten bereitstehen, am besten eisgekühlt!

Ein schön angerichtetes Buffet ist nicht nur ein Gaumen-, sondern auch ein Augenschmaus! Die Gäste können sich individuell bedienen und kleine Köstlichkeiten aus dem Garten probieren. Schnell herrscht unter den Gästen eine ausgelassene Stimmung, und meist findet bereits am Buffet ein reger Austausch statt. Als Gastgeber muss man nur das Buffet im Auge behalten, um es regelmäßig aufzufüllen. Aber ansonsten hat man auch als Gastgeber durch eine Bewirtung in Form eines Buffets viel mehr Zeit für das Wesentliche – die Gäste.

RADIESCHEN-SPINAT-SALAT
mit Opas Salatdressing

Das Rezept von Opas Salatdressing hat in unserer Familie einen ganz besonderen Stellenwert. Mein Großvater hat mir die Liebe zur Natur vermittelt, und als Kind durfte ich ihm bei der Gemüseernte helfen. Schon damals habe ich die Radieschen aus der Erde gezogen, gewaschen und knackfrisch gegessen. Und seine Salate hat mein Großvater immer mit diesem Salatdressing angerichtet – ich liebe es bis heute!

Für 12 Gläschen (à 160 ml)

Zubereitungszeit: 30 Minuten

Salat:

- 500 g frischer Spinat
- 200 g Radieschen
- 100 g Gouda
- 50 g Pinienkerne

Dressing:

- 250 g Naturjoghurt
- 50 g Zucker
- 2 EL Zitronensaft
- Kräuter, z. B. Schnittlauch, Petersilie, Kerbel
- Salz
- Pfeffer

Dekoration:

- Schnittlauchblüten

1. Den Spinat und die Radieschen waschen. Beim Spinat die Stiele entfernen, die Radieschen klein scheiden.
2. Den Käse in kleine Würfel schneiden.
3. Die Pinienkerne in einer kleinen Pfanne ohne Zugabe von Fett anrösten und alle Zutaten schichtweise in kleine Gläser geben.
4. Für das erfrischend sommerliche Dressing die frischen Kräuter fein hacken und unter den Joghurt rühren. Den Zitronensaft dazugeben.
5. Den Zucker gut unterrühren und das Dressing mit Pfeffer und Salz abschmecken.
6. Das Dressing mit einem Teelöffel über den Salat geben und mit einer Schnittlauchblüte dekorieren.

KRÄUTERÖL

Kräuter sind mit ihren vielfältigen Aromen eine enorme Bereicherung für die Küche. Um den wundervollen Geschmack zu konservieren, kann man Kräuter trocknen und dann mit gutem Olivenöl aufgießen, bis sie vollständig von Öl bedeckt sind. Luftdicht verschließen und vier bis sechs Wochen an einem dunklen Ort ziehen lassen. So entstehen aromatische grüne Kräuteröle, die sich hervorragend für Salate, Pasta oder Gemüsegerichte eignen. Rosmarin etwa hat ein wunderbar würziges, leicht herbes und pfeffriges Aroma.

„Rosmarin-Öl eignet sich auch hervorragend als Haarpflege. Außerdem ist es ein schönes Gastgeschenk."

Rosmarin-
öl

Brokkoli-BÄLLCHEN

Ab Mitte Juni bis in den Oktober hinein kann ich in meinem Garten Brokkoli ernten. Ganz abgesehen davon, dass Brokkoli reich an Vitaminen ist und das Immunsystem stärkt, lässt er sich auch vielseitig in der Sommerküche einsetzen. Zusammen mit Pinienkernen und Parmesan schätze ich seinen würzigen Geschmack und sein feines Aroma. Tatsächlich schmeckt er sogar roh hervorragend.

Für 12–16 Stück

Zubereitungszeit: 30 Minuten

- 40 g Mandelstifte
- 20 g Pinienkerne
- 60 g Parmesan
- 300 g Brokkoli-Röschen
- 2 Knoblauchzehen
- 1 Ei
- Salz
- Pfeffer
- 2 EL Olivenöl

1. Den Backofen auf 180 °C Umluft vorheizen.
2. Die Mandelstifte, die Pinienkerne und den Parmesan in einem Mixer sehr fein zerkleinern. Dann die Masse in eine Schüssel umfüllen.
3. Die Brokkoli-Röschen waschen und zusammen mit dem Knoblauch im Mixer ebenfalls zerkleinern und zur Parmesan-Masse geben.
4. Das Ei hinzufügen und gut unterrühren.
5. Mit Salz und Pfeffer abschmecken.
6. Kleine Bällchen aus der Masse formen.
7. Das Olivenöl in eine kleine Schale geben und die Bällchen darin vorsichtig nacheinander schwenken.
8. Die Bällchen auf ein mit Backpapier ausgelegtes Backblech legen und 15–20 Minuten goldbraun backen.

Tipp

Sollte der Teig etwas kleben, einfach zwischen zwei Frischhaltefolien ausrollen.

Blüten-PLÄTZCHEN

In meinem Garten kann ich neben Obst und Gemüse auch Blüten ernten, die essbar sind. Voraussetzung ist, dass man bei der Schädlingsbekämpfung auf jegliche Chemie verzichtet. Neben der aromatischen Rose finden sich hier über das Jahr verteilt auch Duft- und Hornveilchen, Schlüssel- und Ringelblumen, Gänseblümchen, Löwenzahn und viele mehr. Ich liebe es, mit ihren essbaren Blüten Gebäck oder Desserts zu dekorieren. Man kann die hübschen Blüten auch mit einer Zuckerkruste kandieren.

Für 14–16 Stück

Zubereitungszeit: 30 Minuten

- 220 g Dinkelmehl
- 150 g brauner Zucker
- 1 Msp. Vanillemark
- 1 TL Salz
- 1 Ei
- 180 g weiche Butter

Dekoration:

- essbare Blüten
- 1 EL brauner Zucker

Außerdem:

- Kreis-Ausstecher, ø 5,5 cm

1. Das Mehl mit dem Zucker, dem Vanillemark und dem Salz vermengen.
2. Die Butter in kleine Stücke schneiden und zusammen mit dem Ei dazugeben.
3. Die Zutaten zügig zu einem glatten Teig verkneten.
4. Den Teig ausrollen.
5. Die Plätzchen mit einem Ausstecher aus dem Teig stechen und mit essbaren Blüten dekorieren. Die Blüten hierbei sanft mit einer Löffelrückseite oder einem Nudelholz in den Teig eindrücken.
6. Den Backofen auf 180 °C Ober- und Unterhitze vorheizen.
7. Die Plätzchen im vorgeheizten Backofen auf der mittleren Schiene etwa 15–20 Minuten lang goldbraun backen.
8. Anschließend die Plätzchen abkühlen lassen und mit braunem Zucker bestreuen.

Tipp

Eine schöne, erfrischende Idee ist auch, den Sirup in Eiswürfel-Förmchen mit einzelnen Lavendelblüten gefrieren zu lassen und dann mit Tonic Water zu übergießen. Das sieht nicht nur dekorativ aus, sondern schmeckt wirklich köstlich.

LAVENDEL-SIRUP *für Cocktails*

Wenn im Sommer der Duft von Lavendel durch meinen Garten zieht, erfreuen sich nicht nur die Bienen und Hummeln an der aromatischen Blütenpracht. Ähnlich wie beim Flieder und den Holunderblüten vermag man auch beim Lavendel den aromatischen Duft in Geschmack zu verwandeln und ihn in Form von Sirup zu konservieren.

Für 2 l Sirup

Vorbereitungszeit: 2 Tage
Zubereitungszeit: 30 Minuten

- 1 kg Zucker
- 1,5 l kaltes Wasser
- 2 Bund Lavendel (zwei gehäufte Hände Lavendelblüten)
- 1 Bio-Zitrone

1. Das Wasser und den Zucker in einen Topf gießen und verrühren, bis sich der Zucker aufgelöst hat.
2. Die Zitrone gut waschen, abbürsten und vierteln. Zusammen mit den Lavendelblüten dazugeben. Abgedeckt zwei Tage lang an einem kühlen Ort ziehen lassen.
3. Danach die Blüten und die Zitronenviertel abschöpfen und den Sirup durch ein Tuch passieren. Je dunkler die Lavendel-Sorte, desto stärker fällt die violette Färbung aus.
4. Den Sirup kurz aufkochen lassen und in bereitgestellte, steril ausgekochte Flaschen geben.
5. 2 EL Sirup mit Tonic Water aufgießen – und fertig ist ein sommerlicher Lavendel-Cocktail!

Die *Herbstzeit* genießen

REIFE FRÜCHTE UND GENUSS *in der Herbstzeit*

Ab September kündigt sich der Herbst an und die Gartensaison verabschiedet sich langsam. Die Sonne steht nun tiefer und wirft ihre letzten intensiven Strahlen auf die Gemüsebeete. Das Laub verfärbt sich langsam und die Luft duftet erdig und herbstlich nach Laub und Beeren. Unsere Äpfel, Pflaumen und Birnen prangen in kräftigen Farben an den Bäumen, und die bunten Kürbisse blitzen unter dem Kürbislaub hervor. Die Hagebutten leuchten zauberhaft rot mit den wunderschönen Sonnenblumen um die Wette. Die Dahlienblüten zeigen sich von ihrer schönsten Seite und die Hortensien verfärben sich in gedeckte Farben.

Der Herbst zählt zu meinen persönlichen Lieblingsjahreszeiten! Im Wald begebe ich mich jetzt auf die Suche nach Steinpilzen und bereite leckere Pilzrezepte zu. Auch hier leuchtet mir die Natur überall herrlich bunt und einladend entgegen.

In unserem Garten gibt es zur Herbstzeit nicht nur essbare Kürbisse, sondern auch Zierkürbisse, die sich wunderbar zum Dekorieren eigenen.

Das Erntedankfest steht bevor, und die letzten wunderschönen herbstlichen Gartentage werden in vollen Zügen ausgekostet, bevor der lange Winter kommt. Zapfen, getrocknete Hortensien, Eicheln, Kastanien und schöne Zweige und Äste dienen mir als wunderschönes natürliches Deko-Material für das kommende Herbstfest.

Der Herbst ist auch eine wunderschöne Jahreszeit, um auf ein erfolgreiches Gärtnerjahr zurückzublicken. Das Herbstgemüse ist jetzt erntereif und kann zu kleinen Köstlichkeiten verarbeitet werden. Ich liebe die leckeren und herzhaften Häppchen, die ich für Familie und Freunde zubereite. Es gibt viele Leckereien, die der Herbst zu bieten hat.

Jetzt ist auch die Zeit für ein Garten-Resümee: Ich stelle mir die Frage, welche Gemüsesorten sich prächtig entwickelt haben und welche weniger gut gewachsen sind. Was möchte ich im nächsten Jahr alternativ anbauen und welche Pflanzen und Stauden möchte ich gerne im folgenden Jahr ergänzen?

Der Herbst ist meine Lieblings-
jahreszeit. Jetzt kann man großzügig
von seiner Ernte profitieren.

Zwischen den Leckereien kann man sehr schön Kürbisse, getrocknete Hortensienblüten, Zieräpfel, Nüsse und Pflaumen dekorieren.

Auch die heimischen Tiere bereiten sich nun auf den Winter vor. Zwei Käuze machen regelmäßig im Herbst in unserem Garten Halt und suchen Schutz im Walnussbaum. Mit ihren großen Augen beobachten sie das bunte Treiben im Garten.

Ich baue jetzt Futterstellen und Überwinterungsmöglichkeiten für Igel und Vögel. Damit Igel und andere Kleintiere im Winter Unterschlupf finden, schichte ich Äste und Laub auf. Für die vielen Vögel in meinem Garten stelle ich Futterhäuser auf. Sie fügen sich besonders schön in das Garten-Ambiente ein, wenn man das Dach mit Moos begrünt und mit Nüssen, Zapfen und Äpfeln bestückt. Fallobst lasse ich liegen und ein paar Äpfel dürfen im Winter in den Obstbäumen hängen bleiben. Die Vogelkästen werden noch einmal gereinigt.

Des Öfteren bewegt sich ein flinker Schatten durch den Garten. Beim näheren Hinsehen erkennt man das kleine Eichhörnchen mit seinem großen fluffigen Schweif, das durch unsere Baumwipfel springt und emsig die Walnüsse im Garten einsammelt.

SÜSSKARTOFFEL-*Taler*

Diese leckeren Scheibchen sind ein einfacher Snack, der sich wunderbar vorbereiten lässt und auch kalt einfach köstlich schmeckt. Die Süßkartoffel-Taler kann man außerdem nach Wunsch mit verschiedenen Gewürzen und Toppings variieren. Eine wahre Geschmacksexplosion entsteht durch die säuerlich-süßen Cranberrys.

Für 12 Stück

Zubereitungszeit: 25 Minuten

- 2 große Süßkartoffeln
- 80–100 ml Olivenöl
- Gewürze nach Wahl, z. B. Paprikaflocken, Meersalz, grüner Pfeffer, Bohnenkraut, Zitronenmyrte
- 100 g Ricotta
- 50–70 g Cranberrys, getrocknet

1. Den Backofen auf 180 °C Ober- und Unterhitze vorheizen. Die Süßkartoffeln mit Schale in etwa 5–7 mm dicke Scheiben schneiden.
2. Ein Backblech mit Backpapier auslegen und die Süßkartoffelscheiben darauf verteilen.
3. Das Olivenöl auf die Scheiben gießen und nach Wunsch würzen.
4. 10–15 Minuten lang backen. Die Taler sollten nicht zu weich werden, damit man sie noch problemlos mit der Hand essen kann, ohne dass sie auseinanderbrechen.
5. Gut auskühlen lassen und einen kleinen Klecks Ricotta auf die Mitte der Scheiben geben.
6. Auf jeden Ricotta-Klecks ein paar getrockneten Cranberrys geben und nach Bedarf noch einmal würzen.

Tipp

Die ursprünglich aus Mexiko stammenden Süßkartoffeln können auch im Topf als Kletterpflanze herangezogen werden, sie brauchen nur einen warmen, windgeschützten und sonnigen Platz.

Gourmet- FEIGEN

Als glückliche Besitzerin eines eigenen Feigenbäumchens im Garten kann ich mich im Spätsommer immer über viele herrlich frische Feigen freuen. Leider lassen sie sich nicht gut lagern, daher werden sie am besten gleich verzehrt. Als köstliche Dessert-Variante für ein herbstliches Gartenfest haben auch unsere Gäste etwas davon.

Für 6 gefüllte Feigen

Zubereitungszeit: 15 Minuten

- 1 Handvoll Walnüsse
- 2 TL Dattelsirup
- 6 Feigen
- 150 g Ricotta
- 1 EL Kakaobohnen
- ½ TL Kokosblütenzucker
- 1 kleine Honigwabe, ca. 2 × 5 cm
- 3 TL Honig

1. Die Walnüsse und den Dattelsirup in eine Pfanne geben, vorsichtig erhitzen und karamellisieren. Aus der Pfanne nehmen und abkühlen lassen.
2. Die Feigen waschen, trocknen und von oben über Kreuz einschneiden. Vorsichtig auseinanderziehen und in die Mitte jeder Feige 1 TL Ricotta geben.
3. Die Kakaobohnen in einem Mörser zerkleinern und mit dem Kokosblütenzucker vermengen. Wem das zu süß wird, kann den Zucker auch weglassen.
4. Die Kakaobohnen-Zuckermischung auf den Ricotta geben. Mit den karamellisierten Walnüssen und einem kleinen Stück Honigwabe (etwa 1 × 1 cm) garnieren.
5. Zum Schluss gebe ich noch ½ Teelöffel flüssigen Honig über die einzelnen Feigen.

PFIFFERLINGE
in Süßkartoffelblüten

Pilze und ganz besonders Pfifferlinge sind neben Kürbissen der Inbegriff der Herbstküche! Auch als Fingerfood im Gläschen lassen sie sich köstlich zubereiten. Meine Variante von Pfifferling-Ragout auf Süßkartoffelscheiben ist außerdem ein Augenschmaus. Weil sie übrigens auch kalt hervorragend schmeckt, kann man sie sehr gut vorbereiten. Also Löffel bereit – und genießen!

Für 12 Stück

Zubereitungszeit: 35 Minuten

- 3 mittelgroße Süßkartoffeln
- 500 g Pfifferlinge
- 50 g Schinken
- 1 rote Zwiebel
- 2 EL Butter
- 1 EL Mehl
- 100 ml Gemüsebrühe
- 50 ml Rotwein
- 80 ml Sahne
- 1 Bund glatte Petersilie
- Olivenöl

Außerdem:

- Muffin-Form

1. Die Süßkartoffeln mit Schale in feine Scheiben schneiden und für 1–2 Minuten in kochendem Wasser blanchieren, bis sie bissfest sind. Dann sofort unter kaltem Wasser abschrecken. Die Scheiben sollen nicht zu weich werden, sonst brechen sie leicht.
2. Den Backofen auf 200 °C Ober- und Unterhitze vorheizen.
3. Die Vertiefungen der Muffin-Form mit Olivenöl auspinseln und mit jeweils 4 blanchierten Süßkartoffelscheiben auslegen. Eine Scheibe dient als Boden, die drei weiteren werden seitlich zu einer Blütenform gelegt. Die Süßkartoffelblüten etwa 10 Minuten im Backofen backen.
4. Die Pfifferlinge putzen, trocknen und klein schneiden. Den Schinken und die geschälte rote Zwiebel würfeln.
5. In einer Pfanne Butter zerlassen und die Schinkenwürfel anbraten. Die Pilze und die Zwiebelwürfel dazugeben und schmoren lassen.
6. Etwas Mehl über die Pilzmasse geben, mit Salz und Pfeffer würzen. Die Gemüsebrühe und den Rotwein zugießen und alles kurz aufkochen lassen.
7. Die Petersilie klein schneiden. Etwas Petersilie zum Garnieren beiseitestellen. Den Rest mit der Sahne zum Pilz-Ragout geben und alles gut verrühren.
8. Die Süßkartoffelblüten aus dem Ofen nehmen und in der Muffin-Form vollständig auskühlen lassen. Vorsichtig mit einem Löffel aus der Form heben und in kleine Gläser setzen.
9. Mit dem Pilz-Ragout füllen, mit Petersilie garnieren und servieren.

Tipp

Falls Kinder mitessen, kann der Rotwein auch durch Traubensaft ersetzt werden.

Tipp

Selbstgemalte oder gebastelte Deko-Topper machen das Buffet bunter und einladender. Mit festem Papier und Aquarellfarben z. B. lassen sich schnell hübsche Schildchen oder Illustrationen zaubern. Meinen findest du zum Herunterladen und Ausdrucken auf Seite 142.

Möhren- SALAT

Frische Möhren sind auch als Rohkostsalat einfach ein Genuss. Zusammen mit Zitrone und Balsamico-Essig ergeben sie einen knackig-frischen Snack, der wunderbar erfrischend und würzig schmeckt. Besonders delikat und vor allem ein Hingucker wird dieser Salat mit bunten Möhren. Die Sorte Purple Haze etwa hat ein süßes Aroma. Sie ist außen violett-schwarz und im Inneren orangefarben. Es gibt auch rote und weiße Möhrensorten. Zum Ausprobieren bieten sich Saatbänder mit bunten Möhrensorten an.

Für 12 Gläser à 35 ml

Zubereitungszeit: 5 Minuten

- 500 g Möhren
- Möhrengrün
- 1 Bio-Zitrone
- 1 TL Honig
- Salz
- Pfeffer
- 1 EL Öl
- 1 TL weißer Balsamico / Condimento Bianco

1. Die Möhrchen raspeln.
2. Das Öl mit Honig, Balsamico, Salz und Pfeffer vermengen.
3. Das Dressing über die geraspelten Möhrchen geben.
4. In kleine Gläser füllen und mit Möhrengrün und einem selbstgemachten Topper garnieren.

HERZHAFTES CHEDDAR-SHORTBREAD
mit Rosmarin

Eine Tasse Tee und ein Stückchen Gebäck sind für mich der Inbegriff eines gemütlichen Herbstnachmittags. Doch es muss nicht immer etwas Süßes sein, eine leckere Alternative ist herzhaftes Gebäck mit Käse und Kräutern, das sich auch gut als leckerer Snack für Gäste eignet.

Für 14–16 Stück

Zubereitungszeit: 2 ½ Stunden inkl. Kühl- und Backzeit

- 150 g weiche Butter
- 1 TL Zucker
- ½ TL Salz
- 225 g Weizenmehl
- 2 EL Rosmarin-Nadeln, fein gehackt
- 50 g Cheddar-Käse, frisch gerieben

Topping:

- 1 TL Rosmarin-Nadeln, gehackt
- 1 Ei
- 2 EL Sahne

Außerdem:

- runder Keksausstecher, Ø 5 cm

1. Die Butter mit dem Zucker und dem Salz cremig aufschlagen.
2. Das Mehl, den fein gehackten Rosmarin und den geriebenen Cheddar dazugeben. Diese Zutaten zügig zu einem glatten Teig verkneten.
3. Den Teig in Frischhaltefolie wickeln und für 2 Stunden in den Kühlschrank legen.
4. Backofen auf 200 °C Ober- und Unterhitze vorheizen. Den Teig auf der leicht bemehlten Arbeitsfläche ausrollen. Ein Backblech mit Backpapier auslegen. Mit einem runden Keksausstecher die Shortbreads ausstechen und auf das Backblech legen.
5. Das Ei mit der Sahne verquirlen und die Shortbreads damit bestreichen. Mit Rosmarin bestreuen und im Backofen 12–15 Minuten lang backen, bis sie goldbraun und knusprig sind. Gut abkühlen lassen.

Tipp

Mit frischem Spinat statt Feldsalat sind die Stullen auch superlecker!

KÜRBIS-STULLEN
mit Roter Bete

Die Stullen sind ziemlich ungewöhnlich für ein Fingerfood-Buffet, aber in ihrer Farbenpracht ein Hingucker und unglaublich lecker. Wenn man sie dekorativ in Backpapier einwickelt und dieses mit einem Stück Kordel fixiert, sind sie auch wunderbar für ein Picknick geeignet, denn dann kleckert nichts aus dem herzhaften Brot. Diese herzhafte Leckerei kann man sehr gut variieren. So schmeckt sie anstelle des Frischkäses auch z. B. mit Curry-Linsen-Aufstrich köstlich.

Für 6–8 Stück

Zubereitungszeit: 60 Minuten inkl. Marinier- und Kochzeit

- 2–3 Rote Bete
- 400 g Hokkaido-Kürbis
- 3–4 EL Olivenöl
- ½ TL italienische Kräuter
- 1 Knoblauchzehe
- 6–8 Scheiben Brot nach Wahl
- 100 g Frischkäse mit Kräutern
- 200 g Feldsalat
- Gewürze, z. B. Pfeffer, Salz, Chiliflocken
- ½ TL Salz
- 1 Prise Pfeffer
- ½ TL Paprikapulver
- 4 EL Olivenöl

1. Die Rote Bete vorsichtig säubern, damit ihre empfindliche Schale nicht verletzt wird. Anschließend im Salzwasser ca. 30 Minuten weich kochen und abkühlen lassen.
2. Den Kürbis in 2 cm dicke Scheiben schneiden. Ein großer Vorteil des Hokkaido-Kürbisses: Man muss ihn nicht schälen!
3. Das Öl mit den Kräutern in einer Schüssel verrühren und eine Knoblauchzehe hineinpressen. Die Kürbisscheiben in die Schüssel geben, mit einem Deckel verschließen und schütteln, bis alle Scheiben mit dem Öl benetzt sind. Den Kürbis darin 20–30 Minuten marinieren.
4. Den Backofen auf 180 °C Ober- und Unterhitze vorheizen. Ein Backblech mit Backpapier auslegen und die Kürbisscheiben darauf verteilen. 20 Minuten lang backen.
5. Bei der Roten Bete die Schale abziehen und die Knollen würfeln. Die Brotscheiben mit dem Frischkäse bestreichen.
6. Die Brotscheiben mit Feldsalat, gedünsteten Kürbisscheiben und gewürfelter Roter Bete belegen. Als Topping Gewürze darüber geben.

Pflaumen- MOHN-SCHNECKEN

In der Herbstzeit sind diese fruchtigen Teilchen bei uns sehr beliebt, sei es auf der hübsch gedeckten Kaffeetafel oder an sonnigen Tagen beim improvisierten Picknick im Garten. Der fluffige Hefeteig und die säuerlichen Pflaumen werden hervorragend durch den aromatischen Mohn ergänzt – einfach köstlich!

Für 12 Stück

Zubereitungszeit: 90 Minuten

- 20 g Hefe (frisch)
- 50 g Kokosblütenzucker
- 125 ml lauwarme Milch
- 250 g Dinkelmehl
- ½ TL Salz
- 2 Eier
- 40 g Butter (Zimmertemperatur)
- 400 g Pflaumen
- 1 Pck. fertige Mohnfüllung
- 1 TL Zimtzucker
- 200 g Puderzucker

1. Die Hefe in eine Schüssel bröckeln. Den Zucker und einen kleinen Teil der lauwarmen Milch dazugeben und alles glattrühren. Die restliche Milch dazugießen und wieder verrühren.
2. Das Mehl, das Salz, ein Ei und die Butter zu der Milchmischung geben und mit einem Küchenmixer (Knethaken) zu einem glatten Teig verarbeiten. Abgedeckt mit einem frischen Geschirrhandtuch an einem warmen Ort eine Stunde lang gehen lassen.
3. Die Pflaumen waschen, halbieren und entsteinen. Die Mohnfüllung in einer Schüssel mit 2 EL Wasser glattrühren. Die Arbeitsfläche bemehlen und den Teig ausrollen. Die vorbereitete Mohnmasse gleichmäßig auf den ausgerollten Teig streichen.
4. Den Teig aufrollen und mit einem scharfen Messer quer in 12 Scheiben schneiden. Zwei Backbleche mit Backpapier auslegen und die Teigscheiben darauf setzen.
5. Den Backofen auf 180 °C Ober- und Unterhitze vorheizen. Die Hefeteigschnecken flach drücken und mit den Pflaumen belegen. 30 Minuten lang gehen lassen, dann mit Zimtzucker bestreuen. Die Schnecken ein Blech nach dem anderen im heißen Ofen jeweils 30 Minuten lang auf der mittleren Schiene backen. Auf Kuchengittern abkühlen lassen.
6. Das zweite Ei aufschlagen und vom Eigelb trennen. Das Eiweiß zu Eischnee aufschlagen und langsam Puderzucker dazugeben. Die Eiweiß-Zucker-Masse über die Pflaumen-Mohn-Schnecken träufeln. Ich habe die Eiweißmasse noch mit einem Flambier-Gerät flambiert. Aber auch unflambiert schmecken sie köstlich!

Rotkohl-FLAMMKUCHEN

Eine leckere, herbstliche und auch farblich sehr ansprechende Variante des Flammkuchens sind diese kleinen Flammküchlein. Hier lohnt es sich, gleich mehrere Bleche zu backen, die Rotkohl-Flammküchlein schmecken auch kalt und noch am nächsten Tag einfach köstlich.

Für 14 Stück

Zubereitungszeit: 90 Minuten

- 300 g Rotkohl
- 1 rote Zwiebel
- 30 g Butter
- 1 EL Apfelessig
- 3 Nelken
- 1 Lorbeerblatt
- 1 Prise Salz
- 100–150ml Wasser
- 1 TL Zucker
- ½ TL Essig
- 2 Pck. Flammkuchen-Rohlinge
- 2–3 Becher Crème fraîche
- frische Kräuter, z. B. Petersilie, Schnittlauch
- 200 g Schinkenwürfel

Dekoration:

- essbare Blüten

1. Den Rotkohl waschen, die äußeren Blätter entfernen und in feine Streifen schneiden oder hobeln.
2. Die Zwiebel halbieren, schälen und in feine Würfel schneiden.
3. Die Butter in einem Topf erhitzen, die Zwiebelwürfel dazugeben und andünsten. Den geschnittenen Rotkohl und den Apfelessig dazugeben.
4. Die Nelken, das Lorbeerblatt und eine Prise Salz hinzufügen. Das Wasser zugießen. Zugedeckt bei mittlerer Hitze in etwa 30–45 Minuten weich dünsten, dabei gelegentlich umrühren.
5. Das Lorbeerblatt und die Nelken entfernen. Den Rotkohl mit etwas Zucker und einem halben TL Essig abschmecken und beiseitestellen. Den Backofen auf 210 °C Umluft vorheizen.
6. Die Flammkuchen-Rohlinge ausrollen, auf Backbleche ausbreiten und in kleine Quadrate (Seitenlänge ca. 7–9 cm) schneiden.
7. Die Kräuter klein schneiden und unter die Crème fraîche rühren. Auf die Flammkuchen-Quadrate streichen und mit dem Rotkohl belegen.
8. Die Schinkenwürfel anbraten und auf den Rotkohl geben. Die Ränder der Quadrate vorsichtig nach oben klappen.
9. Die andere Hälfte der Zwiebel in Ringe schneiden, halbieren und auf die kleinen Flammküchlein garnieren. Für 10 Minuten im vorgeheizten Backofen backen. Vor dem Servieren mit essbaren Blüten dekorieren.

Tipp

Wenn es schnell gehen soll, kann man alternativ zum frischen Rotkohl auch Rotkohl aus dem Glas nehmen, jedoch ohne Apfelstückchen. Auch tiefgekühlten Rotkohl kann man verwenden, doch sollte er vorher gut aufgetaut sein.

Tipp

Falls man keinen Spiralschneider hat, die aufgespießten Kartoffeln auf ein Brett legen und mit einem scharfen Messer spiralförmig bis auf den Holzspieß einschneiden.

Kartoffel-SPIRALEN

Diese leckeren Kartoffel-Spiralen sind köstlich knusprig und ein wahrer Augen- und Gaumenschmaus. Sie eignen sich hervorragend als Fingerfood, denn vom Spieß kann man genüsslich Stück für Stück abzupfen. Besonders lecker schmecken sie übrigens mit dem würzigen Rosmarin.

Für 6 Spieße

Zubereitungszeit: 30–40 Minuten

- 6 mittelgroße Kartoffeln
- Olivenöl
- Gewürze, z. B. Knoblauchsalz, Pfeffer, Meersalz, Paprikapulver oder Chiliflocken
- 2–3 Zweige Rosmarin
- Kartoffel-Spiralschneider

Außerdem:

- 6 Schaschlikspieße

1. Den Backofen auf 200 °C Umluft vorheizen.
2. Die Kartoffeln waschen. Wenn die Kartoffeln schön dünne Schalen haben, müssen sie nicht geschält werden.
3. Die Kartoffeln mit dem Spiralschneider zu Spiralen schneiden und jeweils auf einen langen Schaschlikspieß stecken.
4. Ein Backblech mit Backpapier auslegen und die Kartoffel-Spieße darauflegen.
5. Die Kartoffelspiralen vorsichtig auseinanderziehen, mit Öl beträufeln und würzen. 20 Minuten lang backen, bis die Kartoffeln bissfest und die Ränder gebräunt und knusprig sind.

Rosenkohl-SPIESSE

Rosenkohl scheidet oft die Geister – entweder man mag ihn sehr gern oder überhaupt nicht. Mit diesem einfachen Rezept lassen sich ganz sicher auch Skeptiker bekehren: Mit Frühstücksspeck umwickelt, ist Rosenkohl ein absolutes Highlight auf dem herbstlichen Buffet-Tisch. Es ist ein Familienrezept, welches bei uns zu keinem Erntedank-Fest fehlen darf!

Für 12 Stück

Zubereitungszeit: 30–40 Minuten

- 500 g Rosenkohl
- 200 g Frühstücksspeck
- Salz
- Pfeffer

Dekoration:

- Ringelblumenblüten

Außerdem:

- 12 Schaschlikspieße

1. Den Rosenkohl putzen und 10 Minuten lang in Wasser gar kochen. Die Röschen sollen noch bissfest sein.
2. Ein Backblech mit Backpapier auslegen und den Backofen auf 180 °C Ober- und Unterhitze vorheizen.
3. Die Rosenkohlröschen einzeln mit einem Streifen Frühstücksspeck umwickeln und auf einen Holzspieß stecken. Als Fingerfood haben sich zwei Röschen pro Spieß bewährt.
4. Die Spieße auf das Blech legen und mit Salz und Pfeffer würzen. Für 5–8 Minuten backen, bis der Speck gar und ein wenig kross ist.
5. Auskühlen lassen.
6. Zum Servieren auf einer Platte arrangieren und dekorativ mit Ringelblumenblüten bestreuen.

Tipp

Man kann die Spießchen zum Servieren auch in ein Glas stellen. Wählt man etwas größere Gläser, kann man auch verschiedene Sorten von Spießen kombinieren.

Ernteglück UND ERNTEDANKFEST

Das Erntedankfest wird bei uns immer mit der ganzen Familie groß gefeiert. Es gibt Pflaumenkuchen, Süßkartoffeln, Rotkohl-Flammkuchen und viele Leckereien. Der Tisch wird herbstlich mit Kürbissen dekoriert. Auch für die kleinen Gäste bereiten wir einen kunterbunten Herbsttisch vor. Den Abend lassen wir dann mit einem Lagerfeuer ausklingen.

> „Eine wunderbare Gartensaison neigt sich dem Ende zu und der Tisch ist reichlich gedeckt."

GARTENZEIT *im Herbst*

Die Gartenzeit ist für dieses Jahr beendet und das kommende Gartenjahr wird bereits geplant. Tulpen- und Osterglockenzwiebeln setze ich jetzt in die Erde. Mehrjährige Stauden werden geteilt und Pflanzen versetzt. Meine Dahlienknollen grabe ich nun aus und lagere sie ein. Die Sträucher werden zurückgeschnitten und dann die Gartengeräte langsam für die Winterzeit eingelagert. Die geernteten Gurken lege ich ein und die Äpfel, Pflaumen und Birnen pflücke und verarbeite ich ebenfalls. Auch die Kräuter hole ich jetzt langsam ins Haus.

Im Garten bereite ich das Igelhaus vor. Für die Vögel lasse ich bewusst Samenstände stehen, und ich achte auch darauf, als Futterquelle für die Vögel einige Äpfel am Baum hängenzulassen. Für Eichhörnchen stelle ich Nüsse und Zapfen bereit – es soll auch nicht darben in der nun kommenden kalten Jahreszeit!

Der Duft nach Herbst liegt in der Luft. Zeit, inne zu halten und das Gartenjahr Revue passieren zu lassen.

DIE GARTENSAISON
neigt sich dem Ende zu

Gerade im Winter ist es wichtig, den Vögeln regelmäßig Futter und Wasser bereitzustellen. Sie danken die Versorgung mit emsigem Treiben im Garten.

Im Gemüsegarten wächst der Grünkohl, der nach dem ersten Frost erntereif ist. Auch der Feldsalat hält sich im Winter. Durch den Frost wird er ganz schrumpelig, doch sobald die Morgensonne aufgeht und die Beete erwärmt, taut es. Der Feldsalat richtet sich wieder auf und kann geerntet werden. So hat man auch im Winter frisches Gemüse und noch Freude an den Gemüsebeeten.

Winterlicher GRÜNKOHLSALAT

Der Winter hält im Garten die letzten frischen Leckereien für uns bereit. Sobald sich der erste Frost über die Gemüsebeete gelegt hat, ist der Grünkohl erntereif. Als Nordlicht liebe ich den Bremer Grünkohl mit Pinkel, eine absolute Spezialität. Aber Grünkohl muss nicht immer gekocht werden, er schmeckt auch roh lecker und enthält viele Vitamine. Der winterliche Grünkohl-Salat mit Nüssen, Cranberrys, Feta und einem köstlichen Dressing ist mein absoluter Lieblings-Wintersalat, der sich schnell zubereiten lässt und in kleinen Gläsern hübsch angerichtet wird.

Für 6 Mini-Cocottes

Zubereitungszeit: 20–30 Minuten

Salat:

- 200 g Grünkohl
- 100 g Möhren
- 2 kleine Äpfel
- 2 EL Cranberrys, getrocknet
- 80 g Feta oder Ziegenkäse
- 2 EL Granatapfelkerne
- 50–80 g Walnüsse

Dressing:

- 1 Schalotte
- 2 EL weißer Balsamico
- 4 EL Olivenöl
- 1 TL Ahornsirup
- 1 TL körniger Senf
- Salz
- Pfeffer

1. Die Grünkohlblätter von den Stielen entfernen und klein schneiden.
2. Die Möhrchen schälen und in kleine Stifte schneiden.
3. Die Äpfel gut waschen, mit der Schale vierteln, entkernen und in dünne Scheiben schneiden.
4. Äpfel, Möhren, Feta oder Schafskäse, Granatapfelkerne, getrocknete Cranberrys und Walnüsse auf dem Grünkohl verteilen.
5. Für das Dressing die Schalotten schälen und in kleine Würfel schneiden. Die restlichen Zutaten für das Dressing vermengen und die Schalotte unterheben. Das Dressing über den Wintersalat geben und den Salat mischen.
6. In kleine Gläser oder Mini-Cocottes füllen.

ESSKASTANIEN

Esskastanien, auch Maronen genannt, sollten glänzen und harte Schalen haben. Die Maronen werden an ihrer gewölbten Seite kreuzweise eingeschnitten und im Anschluss für eine Stunde in kaltem Wasser eingeweicht.

1. Den Backofen dann auf 180–200 °C Ober- und Unterhitze vorheizen und eine ofenfeste Schale mit Wasser in den Ofen stellen, damit die Maronen beim Rösten im Backofen nicht austrocknen.
2. Die Maronen anfeuchten, auf einem Backblech ausbreiten oder in einen Bräter geben und 20–25 Minuten lang rösten.
3. Danach kurz auskühlen lassen und in kleine Brottüten füllen. Fertig ist der wunderbare Snack, der mit Butter und Meersalz einfach köstlich schmeckt.

Essbare Kastanien bzw. Maronen sind gut von den nicht-essbaren zu unterscheiden: Ihre Hüllen tragen feinere Stacheln und die Früchte sind kleiner und laufen an einer Stelle spitz zu.

Im Garten kehrt nun die Winterruhe ein, und die Vorplanung für das kommende Jahr kann am Schreibtisch bei einer gemütlichen Tasse Tee in aller Ruhe vorgenommen werden.

Einladung zum Gartenfest

Diese und andere Vorlagen sowie die beiden Topper auf Seite 69 und 117 kannst du dir ganz einfach auf meiner Homepage **https://blog.roeda-hus.de/category/garten/gartenfest** oder über den QR-Code herunterladen und ausdrucken.

Einladung zum

Gartenfest

am

....

Vielen lieben Dank!

Ohne meine geliebte Familie würde es dieses Buch gar nicht geben. Ich möchte mich bei Marcus und meinen Kindern Emma und Emil für ihren unermüdlichen Einsatz und die tatkräftige Unterstützung bedanken. Dies bedeutet mir so viel. Bei meiner Mutter, die mir bei der Ausarbeitung der Familienrezepte für Fingerfood geholfen hat. Ein großer Dank geht an das „Zweikonzept-Team" für ihren großartigen Einsatz und die Umsetzung im Producing sowie an den Ulmer Verlag – ohne ihre Unterstützung und das entgegengebrachte Vertrauen wäre dieses Buch nur ein Traum geblieben.
Außerdem möchte ich mich herzlich bei Alexandra Suliko Matyas bedanken, die das zauberhafte Röda-Hus-Logo für mich entworfen hat.

Wenn dir das Buch gefallen hat, schau gerne auf meinem Blog @ roeda_hus vorbei. Dort findest du in regelmäßigen Abständen weitere Rezeptideen und Gartentipps.
https://blog.roeda-hus.de

Zum Weiterlesen

Van den Boom, Natascha: **Ein Jahr im Schwedenhaus.** Mit nordischer Leichtigkeit durchs Jahr: DIY-Ideen, Gartenimpressionen, Einrichtungsideen und mehr. Busse Seewald 2023

Donnermeyer, Anja: **Fingerfood glutenfrei.** 50 Party-Rezepte – ganz ohne Mehl. Verlag Eugen Ulmer 2022

Höller, Anke: **Mein kleines Kräutercafé für zu Hause.** Wohlfühlrezepte mit Wildkräutern für Frühstück, Snacks und Kaffeeklatsch. Verlag Eugen Ulmer 2022

Loidl, Matthias: **Brot backen mit den Jahreszeiten.** Über 80 Rezepte mit saisonalen Zutaten aus Garten und Natur. Verlag Eugen Ulmer 2021

Webtipps

Samenechte Pflanzen:
https://www.quedlinburger-saatgut.de
https://www.bingenheimersaatgut.de
https://www.dreschflegel-saatgut.de

Gewächshaus:
https://www.hoklartherm.de

Gartenutensilien und Saatgut:
https://www.manufactum.de

Dahlien:
https://www.koestritzerdahlien.de

Dekoratives und Schmuck:
https://www.schwester-schwester.de

Über die Autorin

Natascha van den Boom ist leidenschaftliche Gärtnerin, Köchin und Autorin. Sie lebt mit ihrer Familie in einem roten Schwedenhaus im Bremer Umland.
Seit 2015 schreibt und fotografiert sie für ihren Blog @roeda_hus und steht für einen skandinavischen Lebensstil, für eine regionale und saisonale Küche und für nachhaltiges Gärtnern. Ihr neues Kochbuch ist eine Liebeserklärung an ihren Gemüsegarten und an die Natur. Sie verrät ihre Lieblingsrezepte und führt mit außergewöhnlich kreativen Fingerfood-Ideen durch die verschiedenen Jahreszeiten.

Backofenhinweis
Die Temperaturangaben beziehen sich auf Ober- und Unterhitze, wenn nicht anders angegeben. Bei Umluft verringert sich die Temperatur um etwa 20 °C. Beachte dazu auch die Bedienungsanleitung deines Backofens. Die Backzeiten können je nach Herd variieren. Backe und gare stets in der Ofenmitte.

Bildnachweise
Alle Fotos, auch das Coverfoto, stammen von der Autorin Natascha van den Boom.
Die Aquarelle stammen von Natascha van den Boom.
Die Icons stammen von Shutterstock / Elina Li.
Logo Röda Hus: Alexandra Suliko Matyas

Die in diesem Buch enthaltenen Empfehlungen und Angaben sind von der Autorin mit größter Sorgfalt zusammengestellt und geprüft worden. Eine Garantie für die Richtigkeit der Angaben kann aber nicht gegeben werden. Autorin und Verlag übernehmen keine Haftung für Schäden und Unfälle. Bitte setzen Sie bei der Anwendung der in diesem Buch enthaltenen Empfehlungen Ihr persönliches Urteilsvermögen ein. Der Verlag Eugen Ulmer ist nicht verantwortlich für die Inhalte der im Buch genannten Websites.

Anmerkung zur Schreibweise (Gendering)
Gendergerechtigkeit und Inklusion sind bei uns gelebte Praxis – bei der Auswahl unserer Themen, bei der Recherchearbeit, in der Gestaltung. Unsere Texte meinen alle. Damit unsere Inhalte jedoch gut lesbar bleiben, verzichten wir in diesem Werk auf die jeweilige Mehrfachnennung oder Anpassung der Schreibweise bestimmter Bezeichnungen an die weibliche, männliche oder diverse Form.

Bibliografische Information der Deutschen Nationalbibliothek
Die Deutsche Nationalbibliothek verzeichnet diese Publikation in der Deutschen Nationalbibliografie. Detaillierte bibliografische Daten sind im Internet über http://dnb.d-nb.de abrufbar.

Wollgrasweg 41, 70599 Stuttgart (Hohenheim)
E-Mail: info@ulmer.de
Internet: www.ulmer.de

Konzept und Projektleitung: Jennifer Zajonz
Lektorat und Producing:
ZweiKonzept (Britta Sopp & Tina Bungeroth)
Herstellung: Isabell Scherrieble
Umschlaggestaltung, Layout und Satz: Antje Warnecke
Reproduktion: time:ray, Jettingen
Druck und Bindung: Firmengruppe Appl, aprinta Druck, Wemding
Printed in Germany

ISBN 978-3-8186-2364-7